看透性格的弱點

踢開人生的絆腳石，把缺點變為人生的轉捩點

刑群麟 編著

前言

走好青春的路

有一天，林清玄外出用餐時，餐廳老闆忽然來至桌前向他打招呼：「先生，您還認識我嗎？」

林清玄努力回想了一陣子，向他搖搖頭，表示沒有印象。於是老闆拿出一份舊報紙，將其中一篇文章指給林清玄看。

這篇文章是林清玄在二十多年前寫的，有關少年神偷的文章。

在這篇文章中，林清玄提及一個作案手法高超，屢屢得手的小偷，最後落入法網的故事。文末，林清玄對這位小偷的遭遇，感慨地寫道：「我覺得，一個心思如此細密，手法如此靈巧的小偷，不管是做任何一件事，應該都會有成就的吧！」

老闆感激地說：「我就是文章中提到的這個小偷，是你的這番話引導我走向正途。」林清玄沒有想到，自己感慨的一番話，能夠讓一位偷竊高手幡然悔悟，回到正路。

這位餐廳老闆和所有的青少年一樣，也曾年少輕狂。他無視於自己的前途，狂妄地浪擲寶貴的青春歲月，自以為能夠掌握人生，卻在狠狠跌了一跤之後，才驀然發現——自己只是渾渾噩噩過日子。若不是湊巧讀到那篇文章，只怕這位老闆還在看不見出口的道路上掙扎著。一位素昧平生的作家對他的能力如此肯定，竟因此讓他改頭換面，成為一個成功的商人。

第二個故事，是發生於十九世紀末，美國西部。

在密蘇里州，一個叫做瑪莉維爾的小鎮上，有一個調皮搗蛋的孩子，他會偷偷地用石頭打破鄰居家的窗戶，破壞別人家的草坪，甚至還曾經把兔子的屍體裝進桶子裡，丟到學校的火爐裡焚燒，搞得到處臭氣薰天、烏煙瘴氣。

周遭的人都視他為壞孩子，連孩子的父親也對他的所作所為莫可奈何。直到這個孩子九歲，父親娶了繼母之後，情況才有了轉變。

孩子的繼母慢慢引導孩子敞開心房，她時常對孩子說：「你不壞，而且你非常聰明，只是你沒有把自己的智慧發揮出來。」在繼母的鼓舞下，這個原本不愛學習的孩子逐漸進步了。他長大成人之後，成為美國當代著名的企業家和思想家。這個人的名字叫戴爾·卡內基。

如同所有不懂事的孩子一樣，卡內基在童年階段做了許多「壞事」。如果當時卡內基的繼母沒有踏入他的生命，為他摘下「壞孩子」的頭銜，並且給予他鼓勵和指引的話，那麼，今天的卡耐基也許就不是一個如此成功的思想家了。

克服人性弱點的案例很多，上述兩個故事只是冰山一角。要想克服性格的弱點並不是困難的事，只要有心，每個人都可以做到。

每一個人，都擁有屬於自己的精彩。你們的愛好會帶領你們走出自己的方向，你們的興趣就是你們行動的資本，你們的性格會將你們帶往自己的命運。每個人都是像這樣，逐漸找到屬於自己心目中的理想樂園，然後在其中種植喜愛的花卉，妝點上自己喜愛的色彩。

至於每個人性格的弱點，則像是附著於花卉草木上的小蟲子，可能會對我們的理想樂園造成危害。我們必須隨時警戒，提醒自己及時除掉這些害蟲，保護心中的那塊樂土，避免蒙上不必要的陰影。

有鑑於此，筆者蒐集了大量的案例，企圖以最精闢有趣的觀點、輕鬆易讀的文字，完成《看透性格的弱點》一書。這本書的內容，對身處於徬徨年代的年輕人來說，是心靈空間的最佳除蟲劑，能讓年輕人在軟弱的時候變得勇敢，在驕傲的時候懂得謙虛，在頹廢的時候變得積極，在痛苦的時候能樂觀起來。

希望這一本豐富的小書，能為潛力無限的你，激盪出最耀眼的生命火花，協助你們暢快描繪出生命的色彩，尋找到最精彩的生命意義。

目錄

弱點1

懶惰：缺乏內在驅動力

懶惰像生鏽一樣，比操勞更消耗身體。——班傑明・富蘭克林

懶惰是人的通病，更是新新人類的共同特性，在這個開放的時代，有著懶惰缺點似乎並不令人引以為恥，有人戲稱自己「琴棋書畫全不會，洗衣做飯還嫌累」，更有甚者自詡「我不想比誰比較懶，因為我懶得和人比較。」

人是好逸惡勞的動物，對於「不勞而獲」總有著莫名的投機心理。人只要一沾上「懶」字，什麼理想、目標、計畫、希望、前景都變得遙遙無期。懶惰者的共通點很多，舉凡不求上進、意志消沉、安於現狀、心態消極……都可算是懶惰者的特徵。你是一個懶惰的人嗎？請仔細閱讀以下有關懶惰者的行為模式，看看自己符合幾點。

- 不喜歡出門。
- 下班只想躺著耍廢，懶得整理房間，房間永遠雜亂像狗窩。

- 不愛洗澡。
- 不愛從事體育活動。
- 常常發呆，對周遭事物漠不關心。
- 生活作息不規律、做事拖拖拉拉、常常呈現懶洋洋的樣子。
- 常常遲到、翹課，且不以為意。
- 做事心不在焉，無法按時完成主管交付的工作。
- 學習目的不明確，很少主動思考問題。
- 不思進取，得過且過。

沒有懶人的智商，就別套上懶人的皮囊

馬雲曾在公開場合發表自己的「懶人學說」。他認為這個世界是由懶人所支撐，大部分庸庸碌碌者的成就，往往不如懶人。例如：比爾・蓋茲因為「懶」得讀書、「懶」得記憶複雜的DOS指令，才讓他創造出後來的微軟世界；麥當勞老闆因為「懶」得學習精緻的法國大餐，「懶」得了解烹調中式餐點的複雜技巧，於是創立這個全球連鎖速食店；還有人因為「懶」得爬樓梯，於是發明了電梯；「懶」得走路，於是製造汽車、火車和飛機……類似的案例不勝枚舉。

不過要在此特別強調的是，馬雲的這番話不是在提倡偷懶的好處，他所指的「懶人」都是聰明人。這些聰明人的共通點，就是擁有充滿創意與想像力的頭腦，所以他們可以「偷懶」，並從「懶」中創造出自己的成就。如果你自知才智平庸，沒有這些「懶人」的智商，可千萬別學這些人的偷懶行為。

但凡是人，要想成就事業，就必須設法克服懶散，然後將自我克制轉換為發自內心的自覺。其實追求舒適是人的本能，但人們卻往往忽略舒適其實是個惡源，它是滋生懶惰的溫床，腐朽、墮落等現象，大多是因貪圖舒適而生。

有一位鐵匠用一塊鐵，打造了兩把鋤頭，農夫買了其中一把鋤頭，立刻開始耕地；另一把鋤頭則被一名商人購得，卻被閒置於店鋪的角落。

半年後，這兩把鋤頭偶然巧遇。原本質地、光澤、鍛造方式一樣的兩把鋤頭，卻大不相同了。農人手裡的鋤頭表面呈現出白銀般的溫潤亮度，甚至比剛打造好時更加光亮；而被商人放在店裡的鋤頭，卻顯得暗淡無光，佈滿鐵鏽。

「我們本來是一樣的，為什麼半年之後，你變得如此光亮，而我卻變成這副樣子呢？」生鏽的鋤頭詢問它的老朋友。

「原因很簡單，因為農人持續使用我，使我勞動。」那把光亮的鋤頭回答，「你現在生了鏽，變得不如以往，是因為你總是躺在那兒，什麼事也不用做！」

聽完了這番話，生鏽的鋤頭無言以對。

在這個故事中，原本條件一樣的兩把鋤頭，一個被頻繁地使用，所以能夠比剛打造好時還要光亮有力；另一個則是因為終日無所事事，所以變得黯淡無光，且表面布滿鐵鏽。從這個故事我們不難明白一個道理：刀鋒是越磨越利，鋤頭是越用越光亮，人的腦袋則是越學越聰明。

牛頓是個以勤奮聞名的科學家，他也自認為自己對社會的貢獻，主要是歸功於勤奮的美德。我們的大腦正如同上述故事中的鋤頭，只有不斷運用，才會發光發亮，展現它的價值。聰明的人知道，只有不斷學習新知識，才能讓自己的頭腦越發聰明，散發出智慧的光芒。

勤奮和懶惰都是一種習慣，只是勤奮的習慣會帶領人們走向光明；懶惰的習慣則會將人推向不見天日的深淵。勤奮和懶惰所帶來的後果，就是這麼懸殊，你想成為辛勤勞作而散發光芒的鋤頭，還是變成碌碌無為鏽跡斑斑的鋤頭呢？

做推動世界的勤者，不做被世界推動的懶人

馬歇爾・霍爾博士說：「沒有什麼比無所事事、懶惰、空虛無聊更傷害我們的了。」惰性是造成許多人虛度光陰、一事無成的關鍵因素。惰性的最大特徵就是做事拖延，該完成的事未

能立即完成，今天拖過明天，明天拖過後天——「今天不為待明朝，車到山前必有路」，結果事情沒做多少，寶貴的光陰卻在無休止的拖延中流逝殆盡了。

比爾・蓋茲說：「懶惰是萬惡之源，它會吞噬一個人的心靈，輕而易舉地毀掉一個人，乃至於一個民族。」蓋茲的這番話，為我們敲響了一記警鐘。從某種層面來看，懶惰就是一種墮落，它像是精神上的腐蝕劑，人一旦背負了懶惰的包袱，就等於為自己的前途掘下了墳墓。因此，我們要為自己構築一道「勤奮的防火牆」來阻擋懶惰的侵襲。

美國著名作家傑克・倫敦在十九歲以前，都沒有接受過正規教育，所有的知識都是靠自學。他非常勤奮，經過一番奮鬥掙扎之後，讓自己從一個小混混搖身一變，成為了文學巨匠。

傑克・倫敦的童年生活貧困且艱難，那時的他，整天像發了瘋一樣，跟一群惡棍在舊金山海灣附近遊蕩，他對學校不屑一顧，並把大部分的時間都浪擲於偷盜等勾當。

而他人生的轉機就在這個時期。某一天，當他漫不經心地走進一間公共圖書館，拿起名著《魯濱遜漂流記》翻閱了起來，竟然被書中的人物和背景所吸引，甚至捨不得放下書本。接著第二天，他又跑到圖書館尋寶。這時，另一個新的世界展現在他的面前——一個如同《天方夜譚》中，巴格達一樣奇異美妙的世界。

從此以後，他便無法控制地陷入閱讀的世界。在一天之中，他用於讀書的時間最長可達十五小時。從荷馬到莎士比亞，從赫伯特・史賓賽到卡爾・馬克思等人的著作，他都如饑似渴地讀著。十九歲時，他決定結束以往靠體力勞動維生的生活型態，改為以腦力謀生。他進入加州的奧克德中學，在那個時期，他不分晝夜地用功，從未好好地睡過一覺。皇天不負苦心人，他因此有了顯著的進步，在僅僅十二個月的時間之內，念完了四年的課程。通過考試，他進入加州大學。

傑克渴望成為一名偉大的作家，在這個雄心的驅使下，他一遍又一遍地讀《金銀島》、《基度山恩仇記》、《雙城記》等書，之後拚命寫作。他每天寫五千字，也就是說，他可以用二十天的時間完成一部長篇小說。他有時會一口氣給編輯們寄出三十篇小說，令人失望的是，這三十篇小說往往全軍覆沒，統統被退了回來。

後來，他寫了一篇名為《海岸外的颶風》的散文，這篇散文獲得了舊金山的《呼聲》雜誌所舉辦的徵文比賽頭獎，他得到了二十美元的稿費。然後在五年後（一九〇三年），他已經有六部長篇以及一百二十五篇短篇小說問世，這讓他成為美國文藝界最知名的人物之一。

勤奮是邁向卓越的階梯，一個懶惰的人，一輩子都無法與卓越產生任何關聯。傑克・倫敦的經歷一點都不讓人感到驚訝，因為一個人的成就和他的勤奮程度永遠是成正比的。試想，如果傑克・倫敦心甘情願當個懶惰的小混混，對寫作沒有產生熱情，也不是那麼勤奮的話，他絕對無法取得日後的成就。

懶惰者是無法成大事的，因為懶惰的人總是貪圖安逸，遇到少許風險，就嚇破了膽。懶惰的人還缺乏苦幹實幹的精神，凡事總存有僥倖心理。至於成就大事之人，則相信「勤奮是金」。不經歷風雨怎麼見彩虹，一個人怎能隨隨便便成功？在被懶惰摧毀之前，你要先學會摧毀懶惰。從現在開始，擺脫懶惰的糾纏，不能有片刻的鬆懈。

降低你的懶惰指數

早上躺在床上不想起來，起床後什麼事也不想做，能拖到明天的事今天絕不做，能推給別人的事自己絕不做，不會做的事絕不想做……「懶惰」是個很有誘惑力的怪物，人人都有可能會與這個怪物相遇，它讓許多本來可以做到的事，都因為一次又一次的懶惰、拖延而錯過了成功的機會，它是我們最難克服的一個敵人。

懶惰是無法按照自己的想法進行活動的一種精神狀態，它是意志缺陷中相當常見的類型。懶惰的習慣一旦養成，它就會將我們朝成功的反方向拉鋸。因此，要想獲得成功，就必須擺脫懶惰的惡習。

那麼，我們該如何培養勤奮的習慣，戰勝懶惰的心理呢？以下是克服懶惰的好方法，不妨一試：

- 保持一顆進取心。進取心是一種永不停息的自我推動力，它會讓我們的人生觀振奮起來。擁有進取心之後，原本的不良惡習就失去了孳生的環境和土壤，久而久之，懶惰的習性就會逐漸消失。

- 學會肯定自己。勇於將自己的不足轉換為勤奮的動力。無論是工作或吸收新知之時，我們都要全心投入，以爭取最滿意的結果。無論結果如何，都要看到自己在過程中努力的一面。如果改變做事方式也不能讓事情畫下完美的句點，可能代表你的技術尚不純熟，仍須加強部分領域的能力，紮實的學習會讓你獲得最後的成功。
- 生活規律。生命的活動必須是有規律的，當一個人起居有常，三餐適時，勞逸適度，他的健康就有相當大的保證。懶散之人往往散漫成性，生活雜亂無章，全身各個系統的功能變得難以與環境相適應，長此以往，健康狀態就會受到破壞。
- 使用日程安排表。準備一份可以安排每日行程的記事本，以便將所有事項有條理地記錄起來，時時提醒自己掌握生活中的一切流程。這是大部分成功人士提醒自己的方式。
- 盡量一起床就開始學習。懶惰的主要表現是賴床，清醒之後不及時起床。要想戒除懶散，首先要克服賴床。
- 習慣的養成確實不容易，也無法立竿見影。如果過於期待結果，想要有突飛猛進的成績，效果通常不好，但只要願意下定決心，立即進行，一步一步持續去做，成效自然會慢慢浮現。
- 健身運動。許多人一提到運動，就想到健身房。其實，以運動的效益來看，健身房遠遠遜色於日常生活的事務。健身房運動有時間、地點的限制，動作往往是機械式地重複；日常生活的勞務種類繁多，舉凡打掃、整理內務，購物均在內，不但能夠帶來生活樂趣，而且在進行時，可以鍛鍊手、眼、心各方面的感官協調，既健腦又健身。至於在完成日常的勞務之後，能夠建立良好的生活品質，則更不在話下。

上述良性刺激都有助於各方面的健康，也能達到振奮人生觀的效果。為了健康與快樂的人生，也為了家庭的幸福，每個人都必須有健康的心態、清醒的頭腦和適當的鍛煉方法，來抵禦損害現代人健康的兇手——懶散。

簡單的事持續做，就不簡單！成功不單純依靠能力和智慧，更要靠每一個人自身孜孜不倦的勤奮努力。

天賦、機遇、學識等基本條件固然重要，不過最重要的仍是自身的勤奮與努力。缺乏勤奮的態度，就算是天資奇佳的雄鷹也只能空振雙翅，無法翱翔天際；有了勤奮的精神，就算是行動遲緩的蝸牛，也能雄踞山頂。

自我檢視

你是一個懶惰的人嗎？

1.即使不喜歡，還是會在百貨公司周年慶搶購？

是的，我看到便宜就想買。↓跳到2

反正買回家不久也會丟掉，不要買好了。↓跳到3

2.當你要赴約時，你會……

提早出門，免得耽誤了正事。↓跳到4

在算得剛剛好的時間出發。↓跳到5

3.你是否有和朋友分享網路訊息的習慣？

有，我超喜歡亂寄東西的。↓跳到6

很少，多半是人家寄給我。↓跳到7

4.你通常是如何利用閒暇時間呢？

當然是上網看看有沒有什麼新鮮事。↓跳到7

喜歡四處走走，而且最好是到沒去過的地方。↓跳到8

5.當你拜訪朋友時，發現他不在家，而且忘了鎖門，你會怎麼做？

躲起來惡作劇，或是給他一個驚喜。↓跳到9

試著聯絡他，或是直接進他房子等。↓跳到10

6.看到台灣人在奧運會上拿下金牌，你的心情是……

好興奮，幻想自己也能跟他一樣。↓跳到5

得知消息時很開心，但過幾天感覺就淡了。↓跳到10

7.當你走在路上，看到一位明星迎面而來，你會……

多看幾眼，但不會有什麼舉動。↓跳到6

機會難得，當然要把握時間，請他簽名、合影。↓跳到10

8.在與同事的聚餐場合中，大家輪流上台唱歌，你通常……

第一件事就是找新歌排行榜，老歌我不要。↓跳到9

好多新歌都不會，只唱自己的招牌歌或是聽人家唱。↓A型

9.你熟悉住家附近的街道嗎？

豈止熟，我還知道很多別人不知道的隱密小路。↓跳到10

不算熟，會記得大路，小路就不清楚了。↓B型

10.當你走在路上時，有個你不認識的人來向你打招呼時，你會……

問清楚他是哪一位。↓C型

裝作沒看見，直接走開。↓D型

測試結果

A型的人：懶惰指數10%

你是個勤奮又有強烈責任感的人，只要是交付到你手裡的任務，無論是上山下海，絕不辱使命！你對自己的要求也是盡善盡美，總覺得應該超出他人的期待，才能讓自己覺得滿意。

B型的人：懶惰指數30％

你算是勤奮的族群，只不過你是選擇性的勤奮。例如，你可能會拒絕太繁瑣的任務，或是太炎熱的環境會影響你的工作情緒等等。在處理事務時，你善於綜觀全局，不會一味地埋頭苦幹。當你確認自己能掌握全局之後，你便會全力投入，一口氣把事情搞定。

C型的人：懶惰指數50％

你有點懶惰，而且很怕麻煩。舉凡耗費腦力、必須花費大量體力的事情或單調重複的工作，都讓你覺得煩！這樣的心態，最要不得。在此奉勸你趁著年輕，多吃點苦，聰明的你要想達到目標，其實並不算難。

D型的人：懶惰指數70％

你是一個極端懶惰的人。就算讓你遇上可以坐領乾薪的工作，你可能還會嫌坐在辦公室裡太沉悶。你常常怨天尤人，怨歎自己不是富二代，怨歎這個世界為何如此不公平。其實，抱怨和牢騷都沒有用，獲得成功的唯一途徑，就是靠自己埋頭苦幹。

弱點2

悲觀：哭臉面對生活

受苦的人，沒有悲觀的權利；失火時，沒有怕黑的權利；戰場上，只有不怕死的戰士才能取得勝利；也只有不因受苦而悲觀的人，才能克服困難，脫離困境。——弗里德里希．尼采

當我們面對一束玫瑰花時，樂觀者看到的是美麗的花瓣，悲觀者看到的卻是銳利的花刺；看著汪洋大海時，樂觀者感受到的是寬廣湛藍，悲觀者感受到的是憂鬱深沉。樂觀和悲觀的想法天差地遠，明明是同一件事物，卻讓悲觀者越發消沉，樂觀者越發振奮。

生活態度就像是一面鏡子，當你對它笑時，它就會對你笑；你對它哭時，它也以淚眼相對。你是個悲觀的人嗎？請仔細閱讀以下有關悲觀者的行為模式，看看自己符合了幾點。

- 無法承受失敗，只要一犯下錯誤，就會懷疑自己的能力是不是出了問題。
- 把「不可能」掛在嘴邊，總是想著過去發生的傷心事，整天悶悶不樂。

• 常為了芝麻小事而大驚小怪。即使只是灑了一點牛奶，也會當做世界末日，視為挫折。
• 經常想起不幸的事情。例如疾病、戰爭、死亡等等。
• 容易為了突然發生的意外，而陷入低潮。

別被悲觀的浪潮淹沒

每個人都曾遭受過打擊或挫折，諸如：因為成績不好而感到沮喪、因為容貌不漂亮而覺得洩氣、因為無法面對考試的龐大壓力而垂頭喪氣……。悲觀的情緒就像是技術精湛的魔鬼，祂醜化了現實生活中的一切，讓許多人對未來和生活感到悲觀又迷惘，對自己的過去一概加以否定，心中充滿了遺憾和悔恨。

悲觀者通常對未來缺乏信心，他們認為自己一無是處，否定自己的優點，放大自己的缺陷。他們通常有失眠多夢、嗜睡懶怠、敏感、容易憂傷等特徵，嚴重者甚至有自我意識消極、自怨自艾、待人冷漠等心理障礙。

以下的寓言可以讓我們了解到，悲觀不只是對人生觀造成影響。當一個人處於極度悲觀的境界，甚至可能會失去生命。

在一望無際的沙漠上，兩個迷路的旅行者面臨著最糟糕的處境——他們手邊沒有一滴飲水，其中一人因為中暑而無法行動。

還有行動力的旅人，把身上的槍交給中暑者，並再三吩咐：「你不要走動，槍裡有五顆子彈，我走後，每隔兩小時你就對空中鳴放一槍，槍聲會指引我前來與你會合。」說完，他就滿懷信心去找水了。

時間一分一秒地過去，子彈一發一發地打出去，中暑者一直沒看到同伴的身影，於是他開始懷疑了：同伴能找到水嗎？能聽到槍聲嗎？他會不會丟下自己這個包袱，獨自離去？當暮色降臨時，中暑者手中的槍，只剩下一顆子彈。這時的他深信同伴已經棄他而去，而自己所能面對的只有死亡。他既痛苦又害怕，彷彿已經看到沙漠裡的禿鷹飛來，狠狠地啄瞎他的眼睛，瓜分他的身體……

終於，中暑者徹底崩潰了。他舉起槍，將最後一顆子彈射進了自己的太陽穴。就在槍聲響後不久，歡天喜地的同伴提著整壺清水，導引著一隊駱駝商旅抵達，但是他們面對的卻是中暑者溫熱的屍體。

在這個故事中，中暑者最後放棄了活下去的希望，將它徹底擊潰的，不是沙漠的惡劣環境，而是自己的悲觀心境。由他戲劇化的人生，讓我們看到悲觀對一個人所帶來的深遠影響。可惜的是，在現實生活中，這樣的人不在少數。

塞爾瑪陪伴丈夫駐紮在位於沙漠的陸軍基地裡。白天時，丈夫要前往沙漠內陸受訓，她便獨自留在軍隊配給的小鐵皮房子裡。這裡的天氣酷熱，即使是躲在仙人掌的陰影下，溫度亦高達攝氏四十三度。塞爾瑪沒有可以談天的對象，在她周圍只有墨西哥人和印第安人，而這些人不會說英語。

有一天，塞爾瑪覺得忍無可忍，想要拋棄一切，獨自回到家鄉，於是寫了一封信給父母。幾天後，她的父親回信了。在這封信中，只有短短的一句話，但這句話卻完全改變了她的生活。這句話說的是：

「兩個待在監牢中的人，從鐵窗望出去，一個看到了泥土，一個卻看到了星星。」

塞爾瑪反覆閱讀這封信，並再三回味其中意涵。想通後的塞爾瑪，覺得非常慚愧——她決定要在沙漠中找到星星。

塞爾瑪開始結交當地人，在互動之間，當地人的行事作風讓她非常驚奇。當她對他們的紡織品、陶器表示欣賞時，他們會把捨不得賣給觀光客的珍貴紡織品和陶器送給她。塞爾瑪還研究各種奇趣的仙人掌和各種沙漠植物、動物的知識，並觀察土撥鼠的生態。她觀看沙漠日落，還尋找海螺殼。這些海螺殼是數萬年前，這片沙漠還是海洋時代時所遺留下來的。當她敞開心房，全心投入這片土地時，原本難以忍受的陌生環境已經轉變為令人處處驚喜的桃花源。塞爾瑪已不再難過，每天都過著快樂的生活。

是什麼原因，讓這位女士變得快樂了呢？沙漠沒有改變，印第安人也沒有改變，但是這位女士的心理改變了，心態改變了。一念之差，讓她把原先認為惡劣的情況，轉換為一生中最有意義的冒險。她為自己所發現的新世界而興奮不已，並因此寫了一本書，以《快樂的城堡》為書名出版了。

我們在面對任何事情時都應謹記：樂觀的心態會引導我們走向好的結果；悲觀的心態則會讓一切變得灰暗。所以我們一定要讓自己快樂起來，才不會讓自己被悲觀的浪潮淹沒。那樣，即便世界再美好，你也無法欣賞到其中的美妙了。

世上沒有絕望的處境，只有對處境絕望的人

人類的精神力量是相當巨大的，只要有心，任何困難都能被一一克服。也許我們會因為一時的挫折而感到沮喪，此時最重要的是保持積極的心態，天下沒有克服不了的困難。

許多人會因為對現實生活感到無力，而陷入情緒的低潮。怨天尤人、停滯不前都是未能走出悲觀陰霾的象徵，這一類人往往沉浸在自己的世界，無法走出悲觀的情緒。其實命運就像是紙老虎，你弱的時候，它就強，你強時，它自然就弱。派克的故事就是一個例子，雖然他曾被命運擊垮，但最後依然能憑著自己的樂觀站起來。

派克在一家汽車公司上班。有一天，他在工作時發生了職業傷害，右眼被故障的機械擊

傷，經搶救後，醫生摘除了他的右眼球。

派克原本是一個十分樂觀的人，但在受傷之後，卻變得沉默寡言。他不喜歡出門，因為他總是害怕人們看到他的眼睛。

派克一次又一次延長他的休假，妻子愛莉絲負擔起家庭的所有開支。愛莉絲很重視家庭，全心愛著自己的丈夫，也希望全家能過得和以前一樣，她認為丈夫心中的陰影總會消除的，只不過是時間的問題。

但糟糕的是，派克另一隻眼睛的視力也受到了影響。在一個陽光燦爛的早晨，派克問妻子誰在院子裡踢球時，愛莉絲驚訝地看著丈夫和正在踢球的兒子。在以前，兒子即使到更遠的地方，他也能看到。愛莉絲什麼也沒有說，只是走近丈夫，輕輕地抱住他的頭。

派克說：「親愛的，我知道以後會發生什麼，我已經意識到了。」

愛莉絲的眼淚流了下來。其實，愛莉絲早就知道這個結果，只是她怕丈夫受不了打擊，而要求醫生不要告訴他。

派克知道自己即將失明之後，反而鎮靜多了，這一點連愛莉絲也感到疑惑。

愛莉絲知道派克能見到光明的日子已經不多了，她想為丈夫留下點什麼。她每天把自己和兒子打扮得漂漂亮亮，還經常去美容院。不論她心裡多麼悲傷，在派克面前，她總是滿面微笑。

幾個月後的一天，派克說：「愛莉絲，我發現妳身上穿的洋裝已經舊了！」

愛莉絲說：「是嗎？」然後她悄悄地躲到一個他看不到的角落，偷偷啜泣——她那件洋裝的顏色在太陽光下絢麗奪目。

她想，自己還能為丈夫留下什麼呢？

第二天，家裡來了一個油漆匠，愛莉絲想把傢俱和牆壁粉刷一遍，讓派克的心中永遠有一個新家。

這位油漆匠在工作時既認真又快樂，他一邊工作，一邊吹著口哨。一星期後，他把家中所有的傢俱和牆壁都粉刷好了。

油漆匠在收取酬勞時，對派克說：「對不起，我做得很慢。」

派克說：「你能天天那麼開心，我也為此感到高興。」

油漆匠少收了一百元酬勞，愛莉絲和派克說：「你少算了工錢。」

油漆匠說：「我拿的已經夠多了，一個即將失明的人還能那麼平靜，讓我體會到什麼叫做勇氣。」

不過派克也堅持要油漆匠收下這一百元，派克說：「因為你讓我知道，原來殘疾人也可以自食其力，生活得很快樂。」——這位油漆匠只有一隻手。

十九世紀的英國詩人托馬斯．胡德曾說過：「即使到了我生命的最後一天，我也要像太陽一樣，總是面對著事物光明的一面。」內心光明，不論到世界任何一處，都會見到明媚宜人的陽光。樂觀的人一路縱情歌唱，即使在烏雲的籠罩之下，他的內心也會充滿對未來美好的期待，像這樣的人不僅能讓自己快樂，也會帶給別人快樂。

生活，再苦再累也要微笑面對

每個人都曾失意過。悲觀的人在遭逢失意時，會覺得憂鬱不安、悲觀自憐，陷入情緒的谷底，結果只會讓自己更加失意，幸福和歡樂漸行漸遠。其實在面對失意時，最正確的做法是盡快找出原因，只要知道問題癥結所在，必能幡然醒悟，從悲觀心態解脫。

無論是樂觀也好，悲觀也好，人類的一切行為，其實都是藉由學習得來的。所以說，悲觀者的性格，並非「命中註定」，而是「後天養成」的。悲觀者可以力強而至，學成樂觀。那麼，我們該如何正確克服悲觀性格所帶來的負面影響呢？其實並不困難。當我們遭遇到失敗或挫折而沮喪時，不妨從以下幾個方向努力：

- 越擔心受怕，就越容易招致災禍。因此，一定要懂得以積極心態所帶來的力量，要相信希望和樂觀能引導自己走向成功。
- 即使處於劣勢，也要為自己尋找積極因素。這樣，你就不會放棄取得微小勝利的努力。只要是越樂觀，克服困難的勇氣就會越強大。
- 以幽默的態度來接受現實中的失敗。有幽默感的人，較能輕鬆克服厄運，並自然而然地排除隨之而來的霉運。

- 以平常心看待事情。盡量訓練自己不被逆境所困擾，也不要幻想奇蹟發生。要腳踏實地、心無旁鶩，全力以赴地努力做事。
- 不為自己找藉口。不要把悲觀當作緩衝自己失望情緒的工具。
- 往好處想。當你失敗時，要回想自己也曾經獲得多次成功，這才是值得慶幸的。即使十個問題，你只答對了五個，你仍然可以為自己好好慶祝一下，因為你已經成功解決了五個問題。
- 學習樂觀。盡量接近樂觀的人，並觀察他們的行為。藉由觀察，將可讓你輕易培養出樂觀的態度。

悲觀不是天生的，它就像其他的人生態度一樣，是可以扭轉的。如果樂觀態度協助你成功克服了困難，那麼你就應該相信這樣的結論：樂觀是成功之源。

生活是百味俱全的，要想妝點我們的生活，活出精彩，就需要樂觀向上的精神和勇氣。再苦的生活也要笑一笑，這樣才能贏得幸運女神的青睞。

自我檢視

你是一個悲觀的人嗎？

你是個樂觀主義者，還是個悲觀主義者？你透過什麼樣的眼光來看待人生？完成以下測驗，將可幫助你了解自己。

1. 午夜時分，家中門鈴大響，你會認為是有壞消息，或是麻煩事發生了嗎？
2. 你會隨身攜帶安全別針或繩子，以避免衣服或袋子裂開之用嗎？
3. 你跟人打過賭嗎？
4. 你是否曾夢想自己贏了彩券，或是繼承一大筆遺產呢？
5. 出門的時候，你經常隨身攜帶雨傘嗎？
6. 你覺得用大部分的收入購買保險，是值得的事嗎？
7. 你是否曾在大考之前，沒有做好充分準備的經歷呢？
8. 你覺得大部分人都是誠實的嗎？
9. 在公共場合將手提袋放入寄物櫃時，你會取出自己的貴重物品嗎？
10. 對於新的計畫你總是非常熱衷嗎？

11. 當朋友表示一定會還錢時，你會答應借錢給他嗎？

12. 原定和朋友一起去野外烤肉的日子到了，但是下雨了，你還是會按照原計畫行動嗎？

13. 在一般情況下，你信任別人嗎？

14. 每天早上，你會提早出門，以預防塞車或意外情況的發生嗎？

15. 每天早上起床時，你會覺得這是美好一天的開始嗎？

16. 如果醫生要求你做身體檢查，你會懷疑自己有重大疾病嗎？

17. 收到意外寄來的包裹時，你會特別開心嗎？

18. 你是否曾隨心所欲地花錢，不去顧忌當月開支嗎？

19. 搭飛機前，你會購買旅行保險嗎？

20. 你對未來的生活充滿希望嗎？

評分標準

答案為「是」者得1分；答「否」者〇分；請累計總分。

測試結果

0～7分

你是個標準的悲觀主義者，看待人生總是只見到不好的一面。身為悲觀主義者的唯一好處，就是你從來不往好處想，所以很少失望。因為隨時都在擔心失敗，你寧願不要去嘗試新的事物。解決此問題的唯一辦法，就是以積極的態度來面對每一件事和每一個人，即使偶爾會感到失望，你也會越來越茁壯。

8～14分

你對人生的態度比較正常。不過還是建議你要再往前跨一步，學會以積極的態度來面對人生的起伏。

15～20分

你是個標準的樂觀主義者。總是看到好的一面，將失望和困難擺到一旁，但是過於樂觀也容易讓你掉以輕心，小心因而誤事。

弱點3

懦弱：害怕是它的口頭禪

如果你是懦夫，那你就是自己最大的敵人；如果你是勇士，那你就是自己最好的朋友。——美國「超級銷售大王」法蘭克・貝德佳

膽小、怯懦的人總是被冠以「懦夫」的頭銜。懦弱者通常不敢面對現實，不敢承擔未來的責任，他們躲在自己的象牙塔裡，終日惶恐地看著外面的世界各種天翻地覆的變化，卻還是不知道自己應該如何應對。所以，他們常常會受到別人的嘲笑，卻不敢反擊。這並不是因為忽視自尊，只是他們更願意用屈辱換取安寧。

懦弱性格的形成，主要是因為兒時的教育和成長沒有到位。青少年在成長過程中之所以會發生懦弱的性格缺陷，是由多方面因素所造成的。例如：不健全的家庭環境、父母的過度保護等等。這種個性的年輕人一遇到問題，最典型的反應就是脫口而出：「我不敢……」他們在還沒接觸到困難之前，就已經先把自己硬生生擊倒了。

一個性格懦弱的人，可能會在生活中遭逢如下的困擾：

- 懦弱者不善於處理衝突，因而他們害怕針鋒相對。就算他們手中持有進攻與防衛的武器，也捍衛不了自身。他們當不了兇猛的狼虎，只願做柔順的羔羊，而且往往是任人宰割的羔羊。
- 懦弱容易遭到嘲笑，一旦遭到嘲笑，個性就會變得更懦弱。
- 懦弱者經常自憐自艾，他們心中沒有崇高的志向。宏圖壯志在他們眼中如同浮雲，可望而不可及。
- 懦弱通常與恐懼相伴而來。懦弱會帶來恐懼，恐懼則會加深懦弱，這兩者都束縛了人類的心靈。
- 懦弱者對悲慘的事情較為敏感，常常會品嘗到悲劇的滋味。

懦弱是阻礙上進的麻藥

獅王有感於自己年老體衰，於是決定儘快挑選出一名繼承人。有一天，他把三個兒子叫到面前，說：「在我眼中，你們三兄弟是一樣聰明、善良，都有繼承王位資格的，但是王位只能傳給你們其中一人。所以，我決定採取競賽的方式，讓你們公平競爭王位，勝者才能為王。」三個兒子都同意了獅王的決定。

第二天，獅王在一群大臣的簇擁下，帶著三個兒子來到一處懸崖邊，說：「我的王冠就放在這個懸崖下，你們誰敢從這裡跳下去，王冠就屬於誰。」

三個兒子都愣住了。因為他們從小就接受過父王這樣的訓誡：「你們千萬不要到懸崖邊玩耍，萬一不小心掉下去，一定會摔得粉身碎骨！」

「父王，能否換個比賽的方式？這樣跳下去，你將會失去所有兒子。」獅王的大兒子跪在地上，滿頭大汗，戰戰兢兢地說。

「放肆！」獅王有幾分惱怒了。

「父王，我自願放棄王位，不參加這次比賽了。」二兒子說完，癱倒在地。

「唉！」獅王看著地上的兩個兒子，不禁失望長歎一聲。

「父王，我願意跳下去。」小兒子說完，朝獅王跪拜了三下，便縱身躍下深不見底的懸崖。

第二天，獅王的小兒子手捧著王冠，回到王宮。原來，懸崖的下面，獅王早已命人墊上了一層厚厚的乾草，獅王此舉只是為了試試兒子們的膽量。

人都有懦弱的一面，關鍵在於聰明的人能夠戰勝內心深處的懦弱，並轉化為向上的動力。勇敢是每個人皆必備的人格特質。唯有勇敢面對困境，才能克服自己的懦弱，迎接挑戰，並戰勝命運的考驗。

「了解自己」是破解懦弱的猛藥

有些懦弱者即使是遭受了不公正的待遇，卻仍忍氣吞聲。這種逆來順受的性格，只會讓他成為永遠的受害者。

俄國著名作家契訶夫曾寫過這樣一則有關懦弱者的故事。

這一天，史密斯先生把孩子的家庭教師尤麗婭・瓦西里耶夫娜請到辦公室，討論酬勞事宜。史密斯對尤麗婭說：「請坐，尤麗婭。讓我們來算一算工錢吧！妳應該需要用錢，但妳太拘泥於禮節，自己不肯開口……喏……這是之前約定的，每月三十盧布……」

「應該是四十盧布……」尤麗婭說。

「不，是三十盧布。我這裡有記載，我一向照這樣的數目付家庭教師酬勞的。喏，妳待了一共兩個月……」

「兩個月零五天……」

「剛好滿兩個月。我這裡是這樣記載的。這就是說，應付給你六十盧布。然後扣除九個星期日。實際上，妳週日是沒有陪柯里亞讀書的，只有陪他玩耍而已。然後還有三個節日……」

此時尤麗婭漲紅了臉，手指揪緊了衣角，一言不發。

「扣除三個節日，應再扣十二盧布。柯里亞生了四天病，沒有讀書，這幾天妳只和瓦里亞一個人學習。妳因為牙痛，有三天我太太准許你午飯後休息。所以是十二加七得十九。六十扣除十九……還剩……嗯……四十一盧布。對吧？」

此時尤麗婭兩眼發紅，下巴顫抖著。她神經質地咳嗽起來，擤了擤鼻涕，繼續保持沉默。

「新年底，妳打破了一個茶杯，扣除二盧布……照理說，這個茶杯的價錢還不只如此，它可是傳家之寶呢，家裡值錢的東西老是遺失！另外，由於妳的疏忽，柯里亞在爬樹時勾破了禮服……要扣除十盧布……女僕偷走了瓦里亞的一雙皮鞋，也是由於妳的怠忽職守。妳應負一切責任，畢竟妳是領薪水的。所以，也就是說，再扣除五盧布……一月九日你從我這裡支取了九盧布……」

「我沒支過！」尤麗婭囁嚅著說。

「可是我這裡有記載！」史密斯先生堅持。

「喏……那就算有吧。」尤麗婭無力地說。

「所以是四十一減二十六，妳可以得到十四盧布。」史密斯先生說。

此時的尤麗婭已淚水盈眶，她高挺而細緻的鼻子滲出汗珠，多麼令人憐憫的小姑娘啊！她用顫抖的聲音說道：「有一次我只從夫人那裡支取了三盧布……再沒支過……」

「是嗎？這麼說，我這裡漏記了！從十五盧布再扣除……三盧布，這是妳的錢，最可愛的姑娘。三盧布……三盧布……又三盧布……一盧布再加一盧布……請收下吧！」史密斯先生說。

尤麗婭收下了錢，喃喃說著：「謝謝。」

史密斯先生見到尤麗婭的反應後，他一躍而起，開始在屋內踱步。

「為什麼說『謝謝』？」史密斯先生問。

「因為得到了酬勞……」尤麗婭說。

「可是我剋扣了妳，天曉得，這是搶劫！實際上，我偷了妳的錢！為什麼妳還會對我說『謝謝』？」史密斯先生說。

「因為在其他地方，人家根本不付我錢。」尤麗婭說。

「一文不付？怪啦！好了，剛才我只是跟你開個玩笑，也給你上了殘酷的一課……我要把妳應得的八十盧布如數付給妳！喏，我已經事先裝在信封裡了！妳為什麼不抗議？為什麼沉默不語？生在這個世界上口笨嘴拙行嗎？可以這樣軟弱嗎？」史密斯先生說。

史密斯請她寬恕剛剛自己開的玩笑，接著把八十盧布遞給了她。她羞怯地計算一下，就走出去了……

對於以上故事中的女主角，能用什麼辭彙來形容呢？大概就是「懦弱」二字。個性懦弱的人，他們無論說話、做事，還是待人接物都顯得畏首畏尾、卑躬屈膝。他們總是怕做錯事，不敢越雷池半步。由於過於擔驚受怕，所以做起事來總是猶豫不決，效率特別低。

此外，他們意志薄弱，缺乏敢作敢當的勇氣，遇到突發事件就會驚慌失措。他們不敢冒風險，不敢從事具有難度的挑戰。對他們來說，只有躲在自己的殼裡才是最安全的。要想激發懦弱者，首先必須要一針見血地挑出他們性格缺失，畢竟唯有了解自己的缺失，發現問題所在，才能夠找到成長的起點。

拋棄懦弱的念頭，擺脫窩囊的人生

勇氣，是一種陽光般的力量，源自於潛意識深處的積極暗示。勇氣是由人的意識深處誕生，它是一種對自我能力的確信，是一種能壓倒一切的信念。人只要有了勇氣，便會相信自己能夠克服一切障礙，並具備控制一切局面的信心，進而邁向成功。

巴頓將軍說：「要無畏、無畏、無畏。記住，從現在起，不論是勝利或是犧牲，我們都要保持無畏的精神。」要想獲得成功，絕對少不了膽量和勇氣。一個永不喪失勇氣的人是永遠不會被打敗的，因為他堅信風雨過後就是陽光。

在現實生活中，大部分的事情都需要勇氣支撐。放棄需要勇氣，拒絕需要勇氣，嘗試需要勇氣，冒險需要勇氣……甚至連說話都需要勇氣。一個人如果缺乏勇氣，就失去了承擔責任的基礎，只能生存於他人的庇護之下，無法面對人生的任何壓力和挑戰。讓我們勇敢面對一切挑戰，戰勝困難，如此必定會贏得成功。只要勇敢行動、去嘗試，我們必定會有所收穫，就算無法獲得成功，至少還可以獲得寶貴的經驗。畢竟，沒有勇敢的嘗試，我們將永遠無從得知事物的深刻內涵，而勇敢去做了，即使失敗，也能獲得寶貴的體驗，從而在命運的掙扎中，越發堅強，越發茁壯，越接近成功。

我們要不甘於平凡，勇敢地挑戰自我、挑戰潛能，下定決心，鐵了心去做。在過程中，你可能必須面對各式各樣的難題，但必須要時刻記住：要為夢想而奮鬥。只要是有信心獲得成功，你就能成功，因為，每個人都有一股巨大的潛能。無論人生走到哪一步田地，只要你還有勇氣向成功挑戰，你就還沒有失敗。所有失敗，都是協助你邁向成功的寶貴經驗，也是人生的一大資本。勇氣是成功人生的保證，它激勵著一顆渴望成功的心，只要勇氣長存，一定能取得成功。

心靈筆記

1. 勇氣是一種敢於面對現實，不怕困難，勇於進取，積極爭取勝利的優秀品格。
2. 勇氣是戰勝恐懼的有力盾牌，也是克服害怕失敗、害怕丟臉等恐懼心理的絕佳武器。
3. 勇氣支撐我們，讓我們在遇到挫折時，既不會感到畏懼，也不會迴避。

自我檢視

你是一個性格懦弱的人嗎？

1. 你是否有勇氣從事拆除地雷的工作？
2. 你是否曾經爬上你們家的房頂？
3. 你敢撫摸小白鼠嗎？
4. 你會想要騎大象嗎？
5. 你會不會想參加電視的益智問答競賽？
6. 你會不會想成為探險家？
7. 你願意去遠征狩獵嗎？
8. 當你目睹搶劫行兇事件時，是否會追趕罪犯？
9. 你能夠面對一大群人演講嗎？
10. 你願意在傳說中鬧鬼的房子裡過夜嗎？
11. 你是否有勇氣成為深海潛水夫？
12. 當你開車遇上交通堵塞時，你會對前方駕駛者按喇叭嗎？
13. 你敢在深山叢林中散步嗎？

14. 你是否曾經爬過很高的樹？
15. 你曾經飆車過嗎？
16. 你喜歡在夜晚看恐怖電影嗎？
17. 你是否願意在夜晚獨自外出？
18. 你喜歡搭乘纜車嗎？
19. 你是否願意養一隻兇猛的狗？
20. 你是否願意參加舞台劇演出？

評分標準

答案為「是」者得2分；答案為「不知道」得1分；答案為「否」者〇分；請累計總分。

測試結果

低於14分

你的性格比較懦弱，既不喜歡冒險，也不願嘗試有風險的事情。建議你不應該把自己局限住，要多勇於參與一些具冒險性的活動。雖然這對你來說有些困難，不過有時僅僅是為了興趣而從事的活動，也能豐富你的人生經歷。

15～28分

你的個性屬於謹慎型，不過在處世時其實是無所畏懼的。在一般情況下，你喜歡安逸的生活，不喜歡有太多的麻煩。但是你也會視實際情況，勇敢為自己站出來。儘管你並不排斥偶爾參與一些冒險活動，但通常會比較有節制，而且會於事前仔細權衡利弊。

29～42分

你擁有非常強健的神經，不過建議你應適時約束一下自己，因為你常常將他人的警惕拋諸腦後。你通常會在危急時刻大顯身手，而且會是一位優秀的合作夥伴。從來沒有人會批評你的生活枯燥乏味，而且還有很多人羨慕你的勇氣與生活方式。你擁有絕大多數的優勢，但還是要在此請你謹記一句老話：「三思而後行。」

弱點4

心浮氣躁：沉澱的反義詞

輕則失本，躁則失君。——《道德經》第二十六章

浮躁是虛榮的姐妹，是膚淺的摯友。當我們感到浮躁時，雜念便占據了我們的內心，讓我們喪失了客觀看待事物的理智，任由情感控制。浮躁會讓我們與正確的道路漸行漸遠，而不自知。

對於渴望成功的年輕人來說，浮躁的心態是成功的障礙。成功需要平靜的心靈，平靜的心靈則有待沉澱，而浮躁正是沉澱的反義詞，也是成功的絆腳石。當一個人無法腳踏實地、急於求成的時候，便很容易與成功擦肩而過。

浮躁的性格特質如下：

- 躁動不安：渴望成功，卻不能踏實穩重的行事。浮躁者會有急功近利的心態，往往非常在意別人的看法，而陷入焦慮狀態之中。
- 心神不寧：浮躁者常常不知所為、內心空虛、恐慌，而且對前途毫無信心。

- 盲目躁進：對目標不明確，常輕易聽信他人言論，沒有自己的主見，行事前往往沒有認真的思考。
- 缺乏恆心：浮躁者做任何事情都是三天打魚，兩天曬網。他們的興趣嗜好轉換得很快，沒有長遠的規劃和興趣，因此常常遭逢失敗。

「沒有機會」是浮躁者的藉口

腳踏實地的耕耘者，即使是在如出一轍的工作之中，也能為自己創造機會，並實現自己的夢想。相對來講，那些鄙視日常工作，嫌棄這些工作瑣碎平凡的人，往往是在終日焦慮的等待機會中，度過了不愉快的一生。

急於求成、急功近利是人的本性。做事情老是求快，就會追求速度，而忘記品質。浮躁的人就是有這樣的缺點，他們希望成功，也渴望成功，在獲得成功的心態上，總是顯得比一般人急躁。

浮躁的人通常不懂得如何規劃人生，而且往往弄巧成拙，不但沒有獲得夢想中的成果，反而變得更不如意。

一個忙碌了半輩子的人，訴說著自己的苦悶：「我這一兩年常常心神不寧，老是想出去闖蕩一番，總覺得在我們那個爛公司待著悶得慌。看著別人買房買車，我怎能不急？我以前也做過幾次生意，但都是賠多賺少；我好想中大獎，常常買彩券，希望能搖身一變成為暴發戶，可是截至目前已經花了好幾萬了，還是連個獎金的影子都不見。我也希望能在工作上有好的發展，但是換了好幾間公司，不是離家太遠，就是和老闆不對盤，再不就是待遇太低，唉！找個合適的工作真是太難了啊！我總覺得自己像隻無頭蒼蠅，每天心裡就是不踏實，悶得慌。」

在我們周遭，類似上述特質的人很多。這一類人往往缺乏恆心、見異思遷、急功近利、成天無所事事。面對急劇變化的社會，他們對前途毫無信心，無所適從。其實浮躁是一種情緒，也是一種不可取的生活態度。人一旦無法擺脫浮躁，便會終日處於忙碌煩亂的應急狀態，不僅脾氣會暴躁，神經也會緊繃，久而久之，便只能在生活的潮流中載浮載沉。

接下來所談的故事，就是在說明這樣的道理。

醫生對一名重病者說：「你必須多吃人參，病才會好。」這個人就去買了人參來吃，但是吃完一根之後，就不繼續吃了。

醫生再次見到病人時，問他：「你的病好了嗎？」

病人說：「我吃了一根人參了，但是為什麼我的病沒有好？」

醫生說：「你只吃一根人參，就希望把病治好，這是不可能的事。人參不是仙丹妙藥，一根就可以見效啊！」

現代的大多數年輕人就像這個故事中的病人，不明白治病必須循序漸進，才能確實根治。這一類年輕人，不懂得忍耐與堅持，只想一蹴而就。殊不知抱持這種想法，是無法達到成功的。

年輕人懷抱著夢想，是一件好事。但是大多數的年輕人不了解，夢想必須建築在腳踏實地的工作之上，才能得以實現。因此，面對著複雜紛亂的世界，他們往往會產生浮躁的情緒。因此他們常常會抱怨自己難以施展抱負，也沒有遇到欣賞自己的伯樂。

許多浮躁的人都曾經有過夢想，卻因始終無法實現，最後徒留牢騷和抱怨，於是把原因歸咎於際遇。實際上，在我們的生活中，處處充滿機會：我們從報紙中所讀到的每一篇文章都是一個機會；我們所接待的每一位客戶都是一個機會；我們所聽到的每一次訓誡，都是一個機會；我們處理的每一個專案，都是一個機會。這些機會磨練我們，讓我們越來越勇敢，性格越來越圓融。

奔跑前別忘記繫好鞋帶

目前在社會上，有一種不容忽視的現象，那就是在人群中普遍充斥著一種浮躁的情緒，務實的人已越來越少。許多人時時刻刻在設法尋找成功的捷徑，他們竭盡所能地鑽漏洞、貪小便宜，不願意務實地按照正當的程序去做。這些人的下場通常不只是失去了成功的機會，也白白喪失了發展自我的機會。

曾經在《齊魯晚報》看過一篇文章，標題為〈剩者為王〉。這篇文章講述了一個主人翁，默默地逐步完成自己人生每一步任務的故事：

這位女主角的成績一直不太好，小學階段她的成績是中段偏後半，從未參加過任何競賽；直到中學階段她還是沒沒無聞——儘管她勤奮向學，成績卻毫不出色。

到高中時，從同一個村子出來讀書的孩子只剩四位，其中只有她是女孩子。高中三年是最艱苦的階段，後來，她連每月一次的返鄉假期也省略了，一個人留在學校用功讀書。儘管已經這麼用功，她在最後一次模擬考的表現，也只是從下游勉強移到中游。

憑她的成績考本科不可能，只能考慮本市的高專。出人意料的是，她居然被外省的一個名不見經傳的三流學院錄取了。儘管她成了班裡高考的黑馬，但所有人仍不看好她的前途和能力。

那年與她一起上高中的幾個人，一個落榜後外出打工，一個考了專科，一個在本省讀書，只有她去了西安。

一晃眼，大學四年畢業了。她找了幾個月工作也沒有合適的，整天只能和父親在家裡種菜。有一天，同學在街上遇到她，她很不好意思地說，工作不好找，打算考研究所，但是沒有把握——她的英語四級考了三次才勉強通過，考研究所對她來說的確有難度，但這位同學還是敷衍地說，那就試了再說，如果不行，就可以死心了。

第二年春天，令人吃驚的是，她居然考取了西北工業大學的碩士研究生。研究生應該壓力比較小了，別人打工、談戀愛，她還是抱著書本猛啃。和朋友在ＭＳＮ聊天時，她都說「學習很吃力，要爭取準時畢業」。這時大家都認為，憑她的智商和學習能力，要想順利畢業，肯定要下番工夫才行。

大概是別人的倦怠成就了她，碩士畢業時，她因為成績優秀，又被保送博士班。這次她真的退卻了，她自己說：「讀書太難。讀越多，越害怕」。她的父親聞言非常生氣，以斷絕父女關係來要脅她，說：「多光宗耀祖的事啊，妳一定要去讀！」就這樣，她被迫回到學校。為了早日畢業，她心無旁騖，絲毫不敢放鬆。

那年，她被學校推薦公費赴美留學。名單一公布，所有認識她的人都大為震驚。她自己說「申報的人很多，比自己優秀、成績好的人也很多，為何導師最後力薦自己呢？」她自己也覺得意外。

她留學的學校，是高分子材料學排名世界第一的學校。三年間，她很本分地當學生，勤懇地做試驗，畢業時已經在國際權威雜誌上發表了數篇具份量的論文，成了領域內的年輕專家。畢業後，她才剛回到國內，就被一家德國公司以年薪十二萬美元聘走了。

上述故事主角的成功，是源自於堅持，以及平靜不浮躁的心態。當其他人感慨自己時運不濟、急於放棄時，當別人投機取巧、昂首闊步在成功的「捷徑」上時，她安守自己的本分，一步一腳印地堅持到底，正是這種貌似愚昧、呆板的堅持，讓她獲得了機遇的垂青。

荀子說：「鍥而舍之，朽木不折；鍥而不舍，金石可鏤。」成功的祕訣在於，要將全副心力專心投入目標。許多人雖然天資聰穎，但心存浮躁，做事不專一，缺乏意志和恆心，到頭來也只能是一事無成。

每個人都會有浮躁的時候，這時，最需要的就是以冷靜來克制浮躁情緒。

冷靜是一種自我控制，是一種成熟的經歷，來自於對事物規律的理解。一個冷靜的人不容易大驚小怪，他們即使是在大風大浪之中，仍能屹立不搖。保持冷靜，就會擁有處變不驚、泰然自若的人生。在工作中，凡事冷靜的人，便能時時刻刻控制住自己的情緒，絕不會因為任務繁重而急於求成，也不會因為工作壓力而浮躁不安。面對任務和壓力，他們會始終保持冷靜，並以最高效率解決眼前的問題。

冷靜是一個人成熟的標記。一個冷靜的人，懂得在急速奔跑時，適時停下來繫緊鞋帶，以便在後續的衝刺中，不至於把自己絆倒。

遠離浮躁，否則你的生活永遠一團亂麻

梁實秋先生是一個以優雅著稱的學者，他優雅的話語和文章，總是能讓人心情平靜。有人

說，梁實秋先生的文章是一杯清心茶，能洗滌人們心中的浮躁。而現實中的梁實秋先生，也是主張做人應該踏實，且最忌浮躁的。

抗日戰爭時期，梁實秋滯留在四川成都。當時他所處的環境，可以說是與牢獄無異的處所，然而他卻將其住所取名為「雅舍」，而且一住七年。梁先生豁達的心胸和踏實的生活態度，不啻為自己的艱難處境「減刑」的良方。

在此時期，梁實秋先生除了完成戰時中小學教材的編寫任務外，還創作了《雅舍》等十幾篇小品文，翻譯了莎士比亞的《亨利四世》等多部西方作品。

在《雅舍小品》一書的序言中，梁實秋先生說：「我非顯要，故名公巨卿之照片不得入我室；我非牙醫，故無博士文憑張掛壁間；我不業理髮，故絲織西湖十景以及電影明星之照片亦均不能張我四壁。」

上述言詞，充分顯現了他對社會上各階層人士自我炫耀和浮躁之陋習的譏諷，並充分彰顯了自我：我自有我的生活方式，我的人生趣味，對他人概不豔羨，亦不模仿。正是這種踏實而不浮躁的生活態度，讓困境裡的梁實秋先生也能感受到生活的樂趣。

要成為一個成功的人，就應謹記：你可以著急，但切忌不可浮躁。

成功之路是艱辛又曲折的。只有穩健前行，才能堅持到終點，贏得成功。如果從一開始就浮躁，可能會在中途便難以為繼。事情的進行就是這樣，你越著急，就離成功越遠。人一旦著急，頭腦便無法冷靜。當你克服了浮躁，你便會有耐心與毅力，一步一腳印地向前邁進，也不會因各種誘惑而迷失方向，可以腳踏實地的做事。

很多時候，我們的內心容易被外物所蒙蔽。浮躁的心情常常占領了我們的整顆心，因此在人生中留下許多遺憾。在這個快速變動的現代社會中，人們很容易因為承受巨大的壓力，而導致內心失衡。只要我們能擺脫患得患失的心裡，以寧靜的心靈面對無窮盡的誘惑，我們便將不再感到迷惘躁動。

心靈筆記

我們該如何擺脫浮躁的心理狀態呢？

1.不與他人比較：與他人比較雖然會讓自己較有動力，但切記不宜過度，以免迷失了方向。心態健康的與人較勁是好的，也不會因而產生心神不寧、無所適從的感覺。

2.培養務實的精神：務實是開拓的基礎，也是「實事求是，不自以為是」的精神。沒有務實的精神，開拓只是花拳繡腿，這是非常簡單的道理。

3.勤思考，多動腦：考量任何問題應從現實觀點出發，不能只是跟著感覺走。看待問題時，要站得高、看得遠，縝密思考。

自我檢視

你有浮躁心理嗎？

1.做事沒有恆心，經常見異思遷。
2.經常心神不寧或感覺不安。
3.總想投機取巧，成天無所事事，脾氣不好。
4.經常三分鐘熱度，有盲從心理。譬如會熱衷於追星，或是一味追隨流行，穿搭不適合自己的衣服。
5.不切實際、好高騖遠，做事情常常把目標設定得過高。
6.遇到突發狀況就會著急，無法控制自己的情緒。
7.沉迷於電子遊戲，總是在尋找刺激，希望藉此打發自己的空虛和煩悶。
8.對理想工作的想像，總是停留在都市大樓中的大企業、熱門的部門，嚮往高收入、高地位，不會評估自己的份量。
9.總是渴望結識比自己優越的人，希望從交往對象那裡獲得好處。對於能力不如自己的人，則是愛理不理。

測試結果

如果在上述九個問題中，有超過六個問題回答「是」的話，毫無疑問，你就是個有浮躁心理的人。

弱點5

妄自菲薄：總是自覺低人一等

很多失敗者都犯了相同的錯誤——他們都忽略了自身具有的珍貴特質，拚命去羨慕別人、模仿別人。殊不知，成功其實就是自信地走你自己的路。——瑞吉兒・卡林

所謂妄自菲薄，就是輕視自己，看不起自己。這種心態嚴重的人，多半沒有什麼明顯缺陷或短處，卻常常自慚形穢，老是把自己放在一個低人一等，不討人喜歡的位置上，而且還因此陷入無法自拔的痛苦境界，心裡總是籠罩著一片愁雲。

妄自菲薄的人，永遠在仰望這個世界。在這類人眼中，別人總是優於自己。他們自貶價值、自我設限，捨棄了自己珍貴的個人特質，盲目遷就他人的標準和觀念，然後徒然滋生更多的苦惱。由此可見，妄自菲薄是成功的大敵。

妄自菲薄者的特質如下：

- 膽怯、畏懼，不敢與他人交流。
- 缺乏信心，總認為別人比自己強。
- 不敢承擔責任，生怕自己會搞砸一切，對別人的誇讚感到羞愧，不敢承擔。
- 總感覺別人看不起自己，心裡時常有一種壓抑、悲觀的心情。

自卑的牢籠

人之所以無法走出困境，是因為自信心不足所致。自卑者就像一棵脆弱的小草，缺乏經歷風雨的氣力；自卑心理常常令人妄自菲薄，讓人以為自己事事皆不如人。

要想在現代社會之中經營自己，讓自己過得順利，第一個前提，就是要相信自己，並確實了解自己。一味蜷縮在自己的世界，生怕在他人面前出醜的人，只會與現實世界漸行漸遠。

自卑感就是這麼殘酷的情緒，它會對人生造成戲劇化的影響。王璿就是一個深受其害者。

王璿是某著名語言大學的畢業生，進入一間大型的日本企業上班。大學期間的王璿是一個十分自信、從容的女孩。她的學習成績名列前茅，常常成為男孩追逐的焦點。然而，最近，王璿的大學同學驚訝地發現，王璿變了。

原本活潑可愛、整天嘻嘻哈哈的她，卻像換了一個人似的，不但做起事來畏首畏尾，神態也顯得毫無自信，和大學時期判若兩人。上班日每天提早二個小時「起床化妝」，深怕自己的穿著打扮不合宜，會遭到同事或上司取笑。工作時，她的行為舉止更是小心翼翼，甚至到了戒慎恐懼的地步。

朋友關心後，大家才知道實情。原來，王璿在進入日商公司後，發現日本人的服飾及舉止十分高貴嚴肅，讓她覺得自己土氣十足，上不了檯面。這使得她對自己的穿著產生了自我厭惡感。

當天下班，她就跑去百貨公司購物。因為她還是個社會新鮮人，沒有足夠的存款，買不起那些名牌服裝，所以只能悻悻然打道回府。

在公司的第一個月，王璿是低著頭度過的。她不敢抬頭看別人穿的名牌套裝，因為只要仔細一看，她就會覺得自己很寒酸——那些日本女人或是比她先進入這家公司的中國女人大多穿著一流的品牌服飾，反觀自己仍是一副窮學生的樣貌。每當心裡這樣想的時候，她便感到無地自容，覺得自己是混入天鵝群的醜小鴨，滿腔自卑感湧了上來。

女人與女人之間，聊的無非是些生活上的瑣碎小事，例如化妝品、首飾等等。關於這些話題，王璿幾乎沒有概念。這使得她在同事之間顯得十分孤單。

至於工作的表現，王璿也覺得很不如意。由於剛踏入工作崗位，她的工作效率還不是很高，常常無法及時完成上司交付的任務，因此難免會受到批評，這讓王璿更加拘束和不安，甚至開始懷疑自己的能力。

此外，剛進入公司的新人，還要負責做清潔工作。當王璿看著同事們悠然自得享用著她泡的熱茶時，她就覺得自己像是打工小妹，這一點更加深了她的自卑感。

其實，王璿的問題在於自我認知不足。她的故事提醒了我們，凡事不要太過鑽牛角尖，以免讓自己經常處於不快樂的狀態。像王璿這樣的自卑者，總是一味輕視自己，一直感覺自己事事不如別人。因為害怕正面接觸別人的優點，所以總是迴避自己的弱項。常常讓這種情緒占據心頭，到最後可能會對任何事都提不起興趣。憂鬱、煩惱、焦慮便會紛至沓來。

剛接觸社會的年輕人，因為滿懷著好奇心和熱情，對於社會上光怪陸離的現象，可能會有難以適應的問題，此時難免會顯得有些茫然無措，可能會覺得別人比自己強很多，或是產生妄自菲薄的心態。其實，只要站穩腳步，對自己有足夠的信心，相信必能快速適應社會，擁有自己頭上一片天。

記得要昂首闊步

自卑常常在不經意間闖進我們的內心世界，控制著我們的生活。在我們好不容易下了決心、決定要有所取捨的時候，自卑向我們勒索著勇氣與膽略；當我們碰到困難的時候，自卑站在背後大聲地恐嚇我們；當我們要大踏步向前邁進的時候，自卑會拉住我們的衣袖，告訴我們前面危機重重。自卑就像蛀蟲般啃噬著我們的心，它是我們走向成功的絆腳石，它是快樂生活的攔路虎。我們絕對不要讓自己活在自卑的陰影之中。讓我們恢復自信，像世界名模一樣昂首闊步向前行。

三百年前，英國有一位年輕的建築設計師，很幸運地被邀請參與了柏克郡溫莎小鎮政府大廳的設計工作。他運用工程力學的知識，設計出只運用一根柱子支撐大廳天頂的方案。一年後，市政府請權威人士進行驗收時，對他設計的一根支柱提出異議。他們認為，僅僅使用一根柱子來支撐天花板，實在是太危險了，所以要求他再多加幾根柱子。

這位年輕的設計師十分自信，他堅持己見，列舉出相關實例的詳細說明，拒絕工程驗收專家們的建議。

他的固執惹惱了市政官員，年輕的設計師險些因此被送上法庭。最後，他只好在大廳四周增加了四根柱子。不過，這四根柱子其實都沒有銜接到天花板，均相隔了無法察覺的兩公釐。

光陰似箭，歲月更迭，一晃就是三百年，這座市政府大廳堅固如初。直到二十世紀後期，市政府進行大廳修繕工作時，才發現了這個祕密。

消息傳出，世界各國的建築師和遊客均慕名前來，觀賞這幾根神奇的柱子，並把這個市政大廳稱作「嘲笑無知的建築」。最讓人稱奇的是，那位建築師當年刻在中央圓柱頂端的一行字：自信和真理只需要一根支柱。

這位年輕的設計師的名字是克里斯多佛·雷恩，一個很陌生的名字。如今有關他的資料實在是少之又少。但在僅存的少許資料中，記錄了他當時說過的一句話：「我很自信。至少在百年後，當你們面對這根柱子時，只能啞口無言，甚至瞠目結舌。我要說明的是，你們看到的不是什麼奇蹟，而是我對自信的一點堅持。」

其實，世界上每一個事物、每一個人都有其優勢，都有其存在的價值。自卑是一種惡性循環，當你越是不相信自己，就越難把事情做得好。一旦陷入這樣的漩渦，你將會失去快樂，也失去幸福。

我們應該努力提升自己，並訓練從各種紛亂的現象中，洞察問題本質的能力。年輕的我們，應多多沉潛自己，練習從客觀的角度，分析事件中有利與不利的因素，還要盡可能發掘自己的長處和潛力，而不是妄自菲薄、徒然嗟歎。

你是自身定位的主人

一個人的成就是取決於自我評價，而這種評價有一個通俗的名詞——定位。定位能決定人生，也能改變人生。

定位的概念，最初是由美國行銷專家阿爾・雷耶斯和傑克・特魯特於一九六九年提出，其主張商品和品牌要在潛在消費者心目中占有一席之地，企業經營才會成功。自此之後，定位的概念範圍不斷擴大，大到國家、企業，小至個人、工作等等，這些概念均存在著定位的問題。

定位是對自身的一種期盼與要求，一個人能否給自己正確的定位，將決定其一生成就的大小。志在頂峰的人不會落於平地，甘心做奴隸的人永遠也不會成為主人。如果你是個創意十足、聰明睿智、才華橫溢、屢有洞見，甚至好運連連的人，但遺憾的是，你卻無法在創造過程中，為自己做出正確的定位，那麼你的一切努力，都將是徒勞無功。

全盤認識自己，並接受自己，將會讓你充滿自信，並讓你在人生的道路上，不致迷失方向。為自己正確定位，你的人生奮鬥目標才不會偏頗。當你有了正確的人生目標，你的此生便不遺憾，即使最後未能成功，也無怨無悔。

心靈筆記

增進自信心的祕訣：

1. 照鏡子：照鏡子可以讓你找到自信。當我們對著鏡子整理儀容時，記得把自己調整至最佳狀態，確定自己不會在人前出醜之後，接著就可以心無旁騖，全心投入工作中。

2. 開會時，盡量坐在顯眼處：坐在顯眼的位置，會讓大家比較容易注意到你，如此一來，也能夠增強自己的信心。

3.與人交談時，直視對方的眼睛：當你與人眼神交會時，便能夠增加自信心。

4.時時微笑：時刻保持微笑能夠給自己帶來自信，也可祛除恐懼與煩惱。微笑還能在無形中讓對方產生好感，並贏得他人的尊重。

自我檢視

你有自卑感嗎？

你自卑嗎？你有沒有想過，讓自己產生自卑感的原因是什麼呢？是因為技不如人，還是對自己的要求過高？現在就來檢視一下，你的潛在自卑感到底有多重！

1. 你覺得自己的身高和周圍的人比起來怎麼樣？

A. 比大多數人矮。

B. 和大家都差不多。

C. 算蠻高的。

2. 每次對著鏡中的自己，你心裡最先想到的是什麼？

A. 真希望再好看點。

B. 要好好打扮修飾一下。

C. 毫不在意，怎麼弄都無所謂。

3.看到自己的畫像，你怎麼想？

A.對自己的長相真不滿意。

B.畫得還蠻像的。

C.我長得真是好看。

4.你擔心過很多年之後，自己會因某件事而憂慮嗎？

A.常常。

B.偶爾會。

C.一點也沒有。

5.你身邊的朋友是否喜歡且尊敬你？

A.我不受歡迎。

B.馬馬虎虎。

C.我人緣很好。

6.你的朋友想看妳被老闆批閱過的文案，你會怎麼做？

A.拒絕給對方看。

B.把不好的地方隱藏起來。

C.從善如流，就讓他們去看。

7.你是否曾萌生過「絕不能輸給他人」的想法？

A.從來沒有。

B.偶爾會有。

C.經常會有。

8.遇到心煩的事時，你會怎麼做？

A.自己一個人悶在房間裡。

B.自己找些刺激的事情做，以排遣心情。

C.向家人或朋友傾訴。

9.當朋友說你是「無趣的人」或說你「很笨」時，你會如何面對？

A.假裝沒事，但其實心裡很難過。

B.用同樣的言語回敬他。

C.根本沒放在心上。

10.當你所欣賞的一位朋友，正被其他朋友說壞話時，你會怎麼做？

A.質疑其可信度。

B.不管別人怎麼說，都與我無關。

C.立即反駁。

11.儘管你非常努力，但卻發現績效還是不如你的同事時，你會怎樣想呢？

A.自己實力不夠。

B.我要設法從其他方面超過他。

C.覺得不服氣，還要繼續努力。

評分標準

答案選「A」者得5分，答案選「B」者得3分，答案選「C」者得1分，請累計總分。

測試結果

42～55分

你的自卑感很嚴重，而且你的自卑感大部分來自你的性格，與你的能力無關。由於自卑感重，你很容易以消極悲觀的眼光看待事情。

28～41分

你的自卑感程度為中等。你常常覺得自己做這也不行，做那也不行，這也因而讓你相對產生焦慮感。你的自卑感起因於對自己及周圍的人不夠了解。

14～27分

你有輕微的自卑感。你的自卑是由於為自己訂的目標過高，自律過嚴。你想出人頭地，總是習慣與人一較長短，但是稍有不如意，就陷入自卑狀態。

11～13分

你只是偶有輕微自卑心理，而且隱藏得很深，不易感覺到。

弱點6

以貌取人：外貌協會的待人標準

我們不能僅憑自己的成見，從外表判斷一個人的內心。——哈佛教授多洛莉絲．柯里格

以貌取人者不重視人的能力表現和內涵，總是以外表論定他人的價值，殊不知，人的外表會隨著歲月變化，總有一天會凋謝老去，外表也不能做為成就大事的關鍵，但是內涵與能力卻是永恆的。

你是個以貌取人的人嗎？看看下列現象，你符合了幾點？

- 看到衣衫不整，衣著樸素的人會嗤之以鼻。
- 凡事只看表面，不看內在。
- 會刻意打扮自己，鮮少充實自己的內在。
- 只和外表光鮮的人交朋友。

• 覺得要想給人留下深刻印象，務必要從外表著手。

別被華美的外表蒙蔽視線

在與人交往、拓展人際關係的過程中，第一印象的重要性是不容否認的，人們在初次見面時，會以外表判斷他人，也是人之常情。那些衣著品味優雅、談吐得宜的人，確實是很容易能為別人帶來好感；至於其貌不揚者則容易受人輕視，甚至感到厭煩。但是，當一個人的待人處世已完全受到此種心態控制時，便會造成行為的偏差。

孫程從一所著名的大學畢業之後，就進入一間外資企業從事電子行銷的工作。由於他的專業背景紮實，不久之後，便被拔擢為業務經理。

有一天，公司的總經理因為去美國考察無法脫身，臨時要求孫程負責接待一些來自韓國的客戶，討論開發新產品的合作事宜。由於孫程不懂韓語，再加上隨行的翻譯對客戶做完整的引薦，於是他開始對這場會議感到厭煩。其中，有一個身材矮胖，相貌醜陋的中年客戶尤其令孫程感到厭煩。因為，這位中年人士頻繁向孫程提出一些與業務無關的問題。孫程出於禮節，只是勉強回答了幾個問題。在隨後的午宴上，孫程也沒有主動向這位人士敬酒。

過了一陣子，孫程得知，這項合作計畫被取消了。原因很簡單，這位相貌醜陋的中年客戶其實是韓國公司最大的股東。孫程雖然沒有因為這件事被公司辭退，但也遭到降級處分，摘掉經理的頭銜。這個教訓對孫程來說，是難忘的經驗。

俗語說：「人不可貌相，海水不可斗量。」人的外貌是與生俱來的，與個人的行為表現無關。如果你只會從外表來評價他人，那就代表你的氣量相當狹小。諸葛亮的妻子黃氏據說相貌醜陋，但她的才學甚高，連孔明都曾向她請教治國策略；至於汪精衛這個賣國賊，他的相貌則是出了名的帥氣；還有在報章雜誌上常見的罪犯照片，不也都是衣冠楚楚的嗎？

由此可知，我們在拓展人際關係的過程中，切不應以貌取人。在面對女性時尤應留意，外貌甜美可人者，她並不一定聰明或善良；相反的，有些外表醜陋者，會因為認知到自己的不足，往往會努力充實內在，因而成為一個有內在美的可敬之人。相信各位所要交往的，應是心地美好、內涵豐富之人，而不是那些外表華美、胸無點墨的花瓶。

為你的靈魂穿上新衣

人們總喜歡把亮眼的服裝和優秀人才、豐厚收入、高階身分、優雅的品味等劃上等號，其實，外在與內在並沒有什麼關聯。

西方有句俗語：「你就是你所穿的！」內心的美，才是最重要的。

鬧鐘響了，又是一個星期天的早晨。今天布朗本來想好好睡個懶覺，但強烈的罪惡感仍然驅使他前往教堂做禮拜。

布朗盥洗完畢，收拾整齊，匆匆忙忙趕到教堂。

禮拜儀式才剛開始，布朗在一個角落的位子悄悄坐下。牧師開始祈禱了，布朗才要低頭閉上眼睛，卻感覺鄰座先生的鞋子輕輕碰了一下他的鞋子，這讓布朗不禁輕輕地歎了一口氣。

布朗想：「這位先生明明還有足夠的空間，為什麼要和我的鞋子碰在一起呢？」這件事讓他開始感到不安，但是鄰座的先生似乎渾然不覺。

牧師要開始說祈禱文了，布朗無法專心傾聽，忍不住繼續想：「這個人真不自覺，鞋子又髒又舊，鞋面上還有一個破洞。」

牧師已經把禱告詞說完了，他說：「謝謝你的祝福！」鄰座先生小聲附和著：「阿門！」布朗雖然竭盡心力想集中心思禱告，然而他的思緒還是忍不住又回到那雙鞋子上。他想：「難道我們上教堂時，不應該以最好的面貌出現嗎？」他不屑的看了一眼鄰座先生，心想：「鄰座的這位先生的想法肯定和我不一樣。」

禱告結束了，大家唱起讚美詩歌。鄰座先生很自豪地高聲歌唱，還情不自禁地高舉雙手。

布朗想，主在天上肯定能聽到他的聲音。奉獻時，布朗鄭重地放進了自己的支票。鄰座先生把手伸到口袋裡，摸了半天，才撈出幾個硬幣，放進盤子裡還發出了響亮的「叮噹」聲。

牧師的禱告詞深深地觸動著布朗，鄰座先生顯然也同樣地受到感動，因為布朗看見淚水從他的臉上流了下來。

禮拜結束後，大家像平常一樣歡迎新朋友，讓他們感受到溫暖。布朗心中湧起了想認識鄰座先生的衝動。他轉過身子，握住了鄰座先生的手。

這位先生是一個頭髮蓬亂、上了年紀的黑人，布朗對他表示歡迎之意。老黑人熱淚盈眶、激動不已，他咧開嘴笑著說：「我叫湯姆斯，很高興認識你，我的朋友。」

鄰座先生擦擦眼睛，繼續說道：「我來到這裡已經有幾個月了，你是第一個和我打招呼的人。我知道，我看起來與別人格格不入，但我總是盡量以最好的形象出現在這裡。我每個星期天都很早起，會先把鞋子擦亮，然後走很遠的路過來。但是當我到達教堂時，鞋子通常已是又髒又破了。」布朗聽了忍不住一陣心酸，強忍著眼淚。

鄰座先生接著又向布朗道歉說：「我坐得離你太近了。當你到這裡時，我知道我應該先看你一眼，再問候你一句。但是我想，當我們的鞋子相碰時，也許我們就可以心靈相通了。」此時布朗心想，現在再多說什麼，已無任何意義，他靜默片刻，才開口說：「是的，你的鞋子觸動了我的心。在一定程度上，你也讓我明白，一個人最重要的是他的內心，而不是外表。」

其實還有一半的話，布朗沒有說出來，而這些話是老黑人怎麼也不會想到的——那就是布朗從心底深深地感激著他那雙又髒又舊的鞋子，是它們深深觸動了自己的靈魂。

無論為自己穿了什麼樣的服裝，我們還應時時自問，是否有為自己的靈魂穿上新衣，因為唯有如此，才能讓你贏得別人真正的敬重。

相貌不是能力的代言人

相貌並不能代表一個人的價值。對一個人來說，最重要的是能力，而不是長相。不要為自己的外表而憂慮。一個心地善良，為人正直者的外貌，必定遠比五官精緻但是內心齷齪的人要清新可親。一旦遇到以貌取人者，也無須在意，因為我們並不須為他人的低劣品味而掛心。

因為我們知道，再美麗的容貌也會隨著歲月的流逝而喪失，唯有內心的美好，才是一個人最寶貴的財富。一個過於在乎外表的人，是不會獲得他人尊重與愛護的，人與人相處的時候更應該注意這一點。

能力和相貌是不能劃下等號的。這個道理看似簡單，但真正能實踐者卻是少之又少。在外貌上占優勢者，往往會以此為傲，也因此占到不少便宜；自認貌不驚人的自卑者，甚至不惜冒著風險，企圖以整容的方式，改變自己的外貌。事實上，這些都是十分愚蠢的做法。其實，要想調整以貌取人的心態很簡單，大致從以下幾個方向進行。

- 學會欣賞別人的優點：看到別人的內在美。很多青少年不屑和衣著樸素，衣著破舊的人打交道，其實這是不對的，看人不能光看表面。
- 從言語內涵中了解他人：懂得從他人言談的話語中，留意他人的內涵，感受到他人的魅力所在。
- 不追求物質和感官的享受：改變自己的生活態度，多多提升自己的修養。要多讀書，善思考。

自我檢視

你是個重視外表的人嗎？

在一場慶生會上，主人端出三塊蛋糕供你選擇，你會選擇哪一塊？

1.上面插著生日快樂牌子的蛋糕。

2.上面有糖製小飾品的蛋糕。

3.上面放著水果的蛋糕。

測試結果

選1.的人：你不太重視外表，只在乎人的長處、個性等內涵層面。

選2.的人：不論是外表與內在，你都在乎。

選3.的人：你只在乎外表，而且不喜歡外表不美的人。

弱點7

捨近求遠：拿遠水來解近渴

機遇之神以無與倫比的技巧向我們表明，與它的恩惠和仁慈相比，任何才華能力都是罔效無用的。——叔本華

總以為好東西在遠處，而四處尋找，卻從來沒想過，好的就在眼前。人們總喜歡望向遠處，總認為遠處的東西好，其實俯身往下看，最好的東西就在自己腳下。捨近求遠而忘記眼前，只看遙不可及的地方，反而容易讓我們錯過機會。

- 一味埋頭努力，不懂得抓住機會，讓機遇從眼前溜走，也不察覺。
- 對自身擁有的一切不珍惜，反而費力去尋求一些沒價值的東西。
- 只知道疲於奔命，不走適合自己的路，做事情不動腦筋，只知道蠻幹。
- 不善於作出各種選擇。
- 認為只要能達到目標即可，不主動尋求做事的最佳合理路徑。

最好的東西就在你的後花園

不要以為機會時時敲門，多數人的毛病是當機會朝我們奔來時，我們常視而不見，很少人能夠主動去追尋，甚至被機會絆倒，還不自知。

森林中，一隻餓腸轆轆的獅子正在覓食，牠看到一隻熟睡的野兔，正想把兔子吃掉時，卻又看到一隻鹿從旁邊經過，獅子想，鹿肉要比兔肉實惠多，便丟下兔子去追捕鹿。但無奈，獅子因為太過饑餓了，體力不支，沒有追上鹿。

等牠放棄，回到原地找兔子時，兔子也不見了，獅子難過地想：「我真是活該，放著眼前的食物不吃，偏要去追鹿，結果都落空了。」

機會就擺在獅子面前，只要一張嘴就可吃到美食，可是牠卻選擇去追捕難以得到的獵物。這個世界上，不是有很多像獅子一樣的人？放棄眼前的事物，改去追尋虛無縹緲的東西，最終等他們醒悟，曾經擺放在眼前的東西早已失去。

小張是一名外企職員，他工作努力，業績提升很快，部門經理十分欣賞他，打算提拔他為部門副經理。可是小張卻有不同打算，他覺得在這家公司已無發展空間，便想著跳槽。

在確定跳槽的念頭出現之後，小張對工作就沒有像以前用心，常請假去面試，工作老是出錯。經理看他這樣，便打消了升遷的念頭。

之後，小張雖然屢屢去面試，卻一直沒找到比現在更好的工作，但因為已公開想離職的念頭，礙於顏面壓力，最終還是遞出辭職信。

經理看著小張，從抽屜裡拿出一封信，原來是經理曾想推薦小張當副理的信件。小張此時後悔莫及。

太多人終其一生在等待一個完美的機會自動送上門，或是千辛萬苦尋找合適的機會。直到他們了解，機會是留給善於發現機會的人已經晚了。

事實就是如此，生活中我們常會捨近求遠，往往機會就在身邊。因此，我們要強化機遇意識，善待機遇、把握機遇，並學會創造機遇。

「鍍金」無需捨近求遠

人們總說「外來的和尚會念經」，在人們的印象中，似乎只有從國外鍍金回來，才能取得真經。其實是一種錯誤的看法。神州數碼控股有限公司前CEO林楊，正因在中國國內「鍍金」，才在事業上取得卓越的成就。

一九六六年九月出生在福建省福清市的林楊，並沒有什麼特別之處。但在一九七九年進入北京八中讀書後，他的生活發生了很大轉變。

當時北京八中是一所開放的學校，以培養學生的綜合能力為重點。在這種環境中接受高中教育的林楊，很早就有不同一般的思維，明白了不應該「唯學習論」，而是要全面發展，學習抓住關鍵所在，不要只是死讀書。可見得北京八中的教育生活對林楊的影響很大。

但最讓他受益的，其實是大學階段。一九八四年九月林楊進入西北電訊工程學院電腦通信專業，林楊有更多自由支配的時間，在老師對知識重點而傳的基礎上，他總是喜歡自己主動去思考和挖掘邊邊角角的問題。由於所學專業是知識更新迅速的通訊專業，為了生存和發展，他總是不滿足獲得有限的知識，在學習中不斷摸索和掌握多種獲取知識的有效方法，林楊的個人素質獲得全面的提高。如今，時間過去二十多年，每當他談起自己的大學學習，總是十分得意於自己的刻苦努力和有效的學習方法。

看過林楊的成功求學經歷後，我們可以明白，在哪裡學習並不重要，關鍵是要把教育看成是獲取知識的地方，看成是學習方法的地方，而不是滿足虛榮心的地方。所以如果你想給自己「鍍金」的話，不一定非要選擇國外。

有時捨近求遠，跑到國外去留學，未必就會比在國內學習的成效大。每個青少年都要針對自己的情況作出不同的選擇。

天才的聰明之處在於會把握機會

比爾・蓋茲的成功有很大程度取決於他是個善於把握時機的天才。在一九八〇年與ＩＢＭ公司的一次決定命運的會議上，電腦產業或者可說整個商業領域的未來被改寫了。事情出乎大家意料。藍色巨人公司的主管與西雅圖的一家小軟體公司簽約，為自己的首部個人電腦開發作業系統。

畢竟，ＩＢＭ他們做的是電腦硬體生意，硬體才是利潤的競爭所在。但他們錯了，世界將要改變。在毫不知情的情況下，他們把他們的市場統領地位拱手讓給比爾・蓋茲的微軟公司。

在很大程度上ＩＢＭ被比爾・蓋茲「利用」了，但是與微軟公司的這項簽約決定不過是藍色巨人所犯的一系列錯誤中最嚴重的一個，這反映ＩＢＭ當時的狂妄自大。所以ＩＢＭ遭遇到充滿活力、覬覦已久的微軟時，就像把肥碩而昏聵的水牛引到吞食活物的淡水鱷魚嘴邊一樣。

同樣的機會落到其他人身上，結果也許就大不相同。ＩＢＭ挑選了比爾・蓋茲這個從不錯失良機的人，在關係到一生的重大時機前，他抓住了最重要的部分。

ＩＢＭ忽視的正是蓋茲清晰看到的，電腦世界正發生著翻天覆地的變化，這被管理專家稱為轉型。某種程度上，蓋茲了解到軟體而不是硬體是未來發展的必爭之地，這是ＩＢＭ墨守成規的主管所無法了解的。蓋茲也了解到ＩＢＭ將要求它的靈魂人物——市場部經理來為軟體運行建立一個統一的操作平臺，這個操作平臺將以蓋茲從其他公司購買的名為Q—DOS的作業系統為藍本，而微軟早已把Q—DOS改名為MS—DOS。

人生有限，機遇無限，有人說過這樣一句話：「耐心等待，機遇就在明天！」其實，機遇不必等待，機遇就在今天，就在你手中，成功就在你家門口。

這個故事充分說明傑出者的思維方式，說明他們是怎樣抓住機遇。你應善於抓住機遇，把握機遇，創造機遇，直到成功。

心靈筆記

想把握萬分之一的機會，你必須做到！

1. 目光遠大：鼠目寸光是不行的，不能只看見樹葉，而忽略了整個森林。

2. 做好準備：有一句名言說：「機遇偏愛有準備的頭腦。」機遇來臨前先提升自我，機會到來時才能牢牢把握。

3. 鍥而不捨：沒有持之以恆的毅力和百折不撓的信心，是難以取得成功。

自我檢視

你是會把握機遇的人嗎？

假如有一扇能看見海景的窗，你會為這扇窗挑選什麼顏色的窗簾？

A紅色。

B藍色。

C黃色。

D白色。

測試結果

選A：你是個主動的人，只要一看見機會就絕不放過，珍惜每一次機會。

選B：你是個對機遇視而不見的人。

選C：你是個不會抓住機遇的人。

選D：你是個被動的人，記住想要成功的話，需要你積極把握、積極行動才行。

弱點8

依賴：將自己「綁」在他人身上

在這世上最堅強的人是孤獨、只靠自己站著的人。——亨里克・易卜生

從心理學來說，依賴感就是將自己的價值建立在他人價值觀上。許多人習慣於依賴別人，而忘記向自己求助。實際上，最值得信賴的除了自己還有誰呢？父母會離我們而去，朋友也會有分散的一天，對他們的依賴只能持續一段時間而不能長久依靠。學會靠自己，才是擺脫困難的最好方法。

- 做任何事情之前都要詢問別人的意見，不能獨立作出判斷和抉擇。
- 過分相信他人，總是依賴朋友，親人或同事，不然就會感到不安和焦躁。
- 獨自一人時，常會感到被孤立，總想要找一個人依賴。
- 對於他人的過分要求，過分忍讓，為的就是怕失去他人對自己的幫助。

鋸掉習慣依靠的「椅背」

喜歡依賴別人的人通常比較幼稚順從，他們常懷疑自己可能被拒絕，在任何方面都很少表現出積極性，缺乏對生活的信心和力量。由於這種人缺乏基本應付生活的能力，所以很難適應新的環境和生活，需要建立獨立個性。

依賴型人格的人一般十分溫順、聽話，他的巴結和逢迎最初受人歡迎，可能會引起好感。久了會令人厭煩，依賴型人格常缺乏自信，顯得悲觀、被動、消極，在人際關係中總處在被動位置。

從心理學角度看，依賴心是一種習以為常的生活選擇。當你選擇依賴時，會使你失去獨立的人格，變得脆弱、無主見。

對依賴性強的人，就要鋸掉他們的椅背，讓他們不去依靠任何外力來支撐自己。甘迺迪的父親教育子女的方式，正是可以得到真正的成長鍛煉。

美國總統約翰・甘迺迪的父親從小就注意對兒子獨立性格的培養。有一次他趕著馬車帶兒子出去遊玩，在一個拐彎處，因為馬車速度很快，猛地把小甘迺迪甩了出去。當馬車停住時，兒子以為父親會下來扶他，但父親卻坐在車上悠閒地抽菸。

兒子叫道：「爸爸，快來扶我。」

「你摔疼了嗎？」

「是的，感覺站不起來。」兒子帶著哭腔說。

「那也要堅持站起來，重新爬上馬車。」

兒子掙扎著站了起來，搖搖晃晃地走近馬車，艱難地爬了上來。

父親問：「你知道為什麼讓你這麼做嗎？」

兒子搖了搖頭。

父親接著說：「人生就是這樣，跌倒、爬起來、奔跑；再跌倒、再爬起來、再奔跑。在任何時候都要全靠自己，沒人會去扶你。」

從那時起，父親更加注重對兒子的培養，經常帶他參加一些大型社交活動，教他如何向客人打招呼、道別，與不同身分的客人應該怎樣交談等等。

其中一位客人這麼問甘迺迪的父親：「他還這麼小，您這麼要求他，是不是太難為他了？」誰料甘迺迪的父親立刻回答：「哦，我這是在訓練他當總統呢！」

人們經常抱持一個最大的謬論，就是以為他們永遠會從別人的不斷幫助中獲益，卻不知一味地依賴他人只會導致懦弱。如果一個人總是依靠他人，將永遠也堅強不起來，永遠也不會有獨創力。正是甘迺迪父親從小培養甘迺迪獨立自主，不依賴任何人的良好習慣，才造就甘迺迪日後的前途。

俗話說：「一生依賴他人的人，只能算半個人。」人，要靠自己活著，而且只能靠自己活著。在人生的不同階段，應盡力達到獨立自主，擁有與之相適應的自立精神。缺乏獨立自主個性和自立能力的人，還談何發展？

要敢於為自己的將來買單

生活最大的危險，就是依賴他人來保障自己。

成功要靠自己，自己的事必須自己做。相信自己，擺脫依賴，勇敢地將自己站成一個大寫的「人」字，你就離成功不遠了。但偏偏有人不懂這道理，凡事都要依賴別人，自己毫無主見，終將一事無成。

宋朝著名的禪師宗無門下有一個弟子道謙。道謙參禪多年，仍不能開悟。一天晚上，道謙誠懇向禪師宗無訴說自己不能開悟的苦惱，並且請求宗無幫忙。宗無說：「我很高興能夠幫助你，不過有三件事我無能為力，你必須自己做！」道謙連忙問是哪三件事。宗無說：「當你肚子餓時，我不能幫你吃飯，你必須自己吃；當你想大小便時，你必須自己解決，我一點也幫不上忙；除了你之外，誰也不能馱著你的身子在路上走。」道謙聽罷，豁然開朗，他感到了自我的力量。

自我獨立的感覺很好，能夠增強自信心，讓自己變得更堅強。所以青少年要培養獨立自主的性格，只有勇敢承擔自己的責任，敢於為將來買單，才是最正確的做法。

做自己的主人

將希望寄託於他人的幫助，便會形成惰性，失去獨立思考和行動的能力；將希望寄託於某種強大的外力，意志力就會被無情吞噬。

為了訓練小獅子的自強自立，母獅子總是故意將牠推到深谷，使其在困境中掙扎求生。在殘酷的現實面前，小獅子掙扎著一步一步從深谷中走了出來。牠體會到不依靠別人，只能憑藉自己的力量前進。

同樣的，人也是如此。

真實人生的風風雨雨，只有靠自己去體會、去感受，任何人都不能為你提供永遠的蔭庇。

你應該掌握前進的方向，把握目標；要獨立思考，有自己的主見，懂得自己解決問題。

克服依賴的心理，心理專家給出如下幾種調適方法。

- 要充分認識到依賴心理的危害：要糾正平時養成的習慣，提高自己的動手能力，多向獨立性強的人學習，不要什麼事都指望別人，遇到問題要作出自己的選擇和判斷，加強自主性和創造性，學會獨立思考問題。獨立的人格要求獨立的思維能力。
- 要在生活中樹立行動的勇氣，恢復自信心：自己能做的事一定要自己做，自己沒做過的事要去鍛煉。
- 豐富自己的生活內容，培養獨立的生活能力：增強自己的意識，使我們有機會去面對問題，能夠獨立想辦法，增強自己的信心。
- 多向獨立性強的人學習：多與獨立性較強的人交往，觀察他們是如何獨立處理自己的一些問題的，向他們學習。如此可激發我們的獨立意識，改掉依賴的不良性格。

自我檢視

測測你的依賴程度？

美國人在五月的第二個星期日慶祝母親節，如果不要以康乃馨作為代表母親的花，你會以下列何種花代替？

A向日葵。

B紫羅蘭。

C百合花。

D桔梗花。

測試結果

選A

即使從小顛沛流離，你仍眷戀曾有過的短暫安定的日子，哪怕事業有成，回首來時路，最渴望的還是童年的老家。向日葵的花語是愛慕崇拜，你就像棵大樹，即使枝繁葉茂，也不忘根源。

選B

你對家的依賴性很高，若非萬不得已，你是不會離家獨居的，即使迫於無奈，你仍會和家庭保持密切的聯繫。你是個很戀家的人，紫羅蘭的花語是永恆，正是你心目中家的功能。

選C

百合的花語是純潔高尚，你的獨立性很強，但一直無法脫離家庭，因為你老以為時機未到。家對你而言，如同百合花語的感覺，無論在外做了多少壞事，只要回到家，你永遠覺得自己是純潔的。

選D

桔梗的花語是羞怯，意味著你想振翅高飛，不再依賴父母和家庭。你的心裡已經暗暗地有了離家的打算，對你而言，成年還未獨立是一件羞愧的事。你的責任心很強，自尊心也很強，能獨當一面。

弱點9

虛榮：只追求表面的風光

虛榮心很難說是一種惡行，然而一切惡行都圍繞著虛榮心而生，都是滿足虛榮心的手段。——法國哲學家亨利・柏格森

虛榮心，是指一個人借用外在的、表面的或他人的榮光來彌補自己內在的、實質的不足，以期贏得別人和社會的注意和尊重。虛榮心是自尊心的過分表現，為了取得榮譽和引起普遍注意而表現出的不正常社會情感。

這種情緒人人都會有，只是程度多少不同。想在世上尋找一個毫不虛榮的人是困難的。希望博得他人的認可是一種正常心理，然而，人們在獲得一定的認可後總希望獲得更多的認可。所以，人的一生就常常會掉進為尋求他人的認可而愛慕虛榮的牢籠。

如果你想獲得個人的幸福，你必須將這種獲得他人認可的虛榮心從你的生命中根除。

愛慕虛榮的人通常有以下幾個通病：

- 熱衷於談論周圍人都關注的話題和人物，並且對進口產品過於迷信。
- 不顧自己的錢包裡有多少錢，總是消費超出自己的承受能力範圍，進而博得周圍人的羡慕。
- 在人多時喜歡不懂裝懂，顯得很有學識。
- 不肯認錯，死要面子活受罪。
- 喜歡討好顯貴人物，看不起比自己弱勢的人群。
- 人多的時候，總喜歡強調自己的厲害處，如果有人不贊同，就會非常氣憤。

虛榮是啃噬內心的小蟲

虛榮心就像默默啃噬心靈的小蟲，悄無聲息但卻讓人格外痛苦難熬。這些貪慕虛榮的人，也必然會為自己的行為付出代價。就好像下面這個寓言故事中的山雞那樣，最終，為自己的虛榮心付出生命的慘重代價。

山雞天生美麗，渾身披著五顏六色的羽毛，在陽光的照耀下熠熠生輝、鮮豔奪目。山雞為這身華羽而自豪，非常愛惜自己。只要來到水邊，瞧見水中的影子，就會翩翩起舞，一邊跳舞一邊驕傲地欣賞水中倒影。

臣子將山雞送給了君主，君主非常高興，召喚有名的樂師吹起動人的曲子，而山雞卻充耳不聞，既不唱也不跳。君主命人拿美味的食物放在山雞面前，山雞連看都不看，顯得無精打采。任憑大家想盡辦法，始終沒辦法逗得山雞起舞。

這時，一名聰明的臣子叫人搬來一面大鏡子放在山雞面前，山雞一見到自己的倩影，就翩翩起舞。山雞迷人的舞姿讓君主看呆了，連連擊掌，讚歎不已，以至於忘了叫人把鏡子抬走。可憐的山雞，對影自賞，在鏡子前拚命又唱又跳，終於耗盡了最後的一點力氣，倒地死去。

顧影自憐的山雞並沒有找到自己的真正價值，在強烈虛榮心的驅使下迷失了自我，並為此付出慘重的代價。

從近處看，虛榮彷彿是一種聰明；從長遠看，虛榮卻是愚蠢的。虛榮者常有小狡點，卻缺乏大智慧。虛榮的人不一定少機敏，但一定缺遠見。

千萬要克制自己的虛榮心，不要讓它像小蟲一樣，啃噬著自己的內心。

你的虛榮你做主

虛榮是一種可理解的心理，虛榮是人的本性，每個人都暗暗為自己的優點得意，並希望別人注意和讚美自己的優點。

人人都愛面子，尤其是年輕人，他們在人生的成長初期階段，十分敏感，適度的虛榮不但不會對他們造成損害，還會促使他們上進。

在莫泊桑的短篇小說《項鏈》裡，馬蒂達是個貪慕虛榮的人，她羨慕上層社會的生活，為了參加一次機會難得的舞會，她向一位有錢的朋友借了一串鑽石項鏈，以此滿足虛榮心理。結果當她匆忙離開舞會時，卻搞丟了項鏈。為了賠償項鏈所借貸的高額費用，她艱辛了十年。而十年後，她早已失去多年青春，卻偶然得知，她朋友當年借她的，不過是條玻璃造的假鑽石項鏈。

虛榮讓她付出了十年的代價，付出了全部的青春，因為虛榮，把握不住正確的方向，而誤入歧途的人也大有人在。

虛榮心強的人往往是華而不實的浮躁之人。這種人在物質上講排場；在社交上好出風頭；在人格上自負、嫉妒心重。

虛榮心最大的後遺症之一是促使一個人失去免於恐懼、免於匱乏的自由；因為害怕羞辱，不定時地活在恐懼中，經常沒安全感又不滿足。過於虛榮的人往往缺乏腳踏實地的思想、情緒不穩，能滿足虛榮心時就有很高的熱情，一旦虛榮心得不到滿足，情緒就一落千丈。因此，要克服虛榮心，就要腳踏實地，培養自己的真才實學。

撕破「虛榮」的偽裝，不讓自己掉入陷阱

虛榮是陷阱的偽裝，讓人看不到陷阱而一腳踏上去，掉入陷阱後才後悔不已。我們要堅定自己的生活，而不是去為別人的生活所累。生活就是這樣，你可以選擇在屬於你的空間裡自由翱翔。任何愛慕虛榮，幻想在別人世界裡得到幸福的人，永遠找不回自己真正的生活。

我們如何能夠擺脫虛榮的奴役呢？

- 在生活中要把握好心中的尺度：比較是人們常有的心理狀態，但要拿捏方向、範圍與程度。要多立足於社會價值而不是個人價值的比較；要立足於健康的而不是病態的比較，要比成績、比幹勁、比投入，而不是貪圖虛名、嫉妒他人、表現自己。
- 重視榜樣的力量：從名人傳記、名人名言中，從現實生活中，尋找榜樣，努力完善人格，做一個「實事求是、不自以為是」的人。
- 做自己，不要受制於別人的評價：別人的議論、他人的優越條件，都不是影響自己進步的外因。只有這樣的自信和自強，才不會被虛榮心所驅使，才能成為一個高尚的人。要相信自己總有優點，不必為別人的議論亂了分寸，掉進虛榮陷阱裡。

自我檢視

你是愛慕虛榮的人嗎？

用「是」或「否」來回答下面的題目。

1. 你每天梳頭超過三次嗎？
2. 跟一個邋遢的朋友走在路上，你會覺得丟臉嗎？
3. 每到一個地方，你都會拍很多照片嗎？
4. 度假回來時，你會向別人展示紀念品嗎？
5. 你經常停留在商店櫥窗前，悄悄欣賞自己的身影嗎？
6. 你偏愛名牌手提箱嗎？
7. 你定期花錢保養你的指甲嗎？
8. 你曾經做過整形手術嗎？
9. 你希望自己擁有一些頭銜嗎？
10. 你很注重穿衣打扮嗎？
11. 你喜歡身上戴許多首飾嗎？

12. 你時常會看自己的相片嗎？
13. 你曾經動過整形的念頭嗎？
14. 你偏愛名牌衣服嗎？
15. 你花在打扮和保養上的費用常超過預算嗎？

評分標準

每題選擇「是」計1分，選擇「否」不計分。將各題得分相加，算出總分。

測試結果

10～15分

無可否認，你是個虛榮心強的人。你對自己的外表非常在意，在他人面前，無時無刻不注意自己的儀容，因為你希望自己給予他人的印象永遠是最佳的。

4～分

你有點虛榮心，還好，不算很嚴重，也許你只是比較在意自己的外表和給他人的印象，你仍覺得人生還有別的事比外表更重要。

0~3分

你這個人可以說一點虛榮心都沒有。即使有些虛榮心強的人會覺得你很邋遢，但你一點也不在乎，寧願把注意力放在重要的事情，也不願花許多時間和金錢在外表上。

弱點10

盲目崇拜：寧願做別人的「小跟班」

自己豐富才能感知世界的豐富，自己好學才能感知世界的新奇，自己善良才能感知世界的美好。——亞歷山大．波普

盲目崇拜容易讓自己陷入迷霧，無法掙脫出來。盲目的人看準了崇拜人的價值觀，世界觀，認為他們都是正確的。自己跟隨在各種權威和偶像身後，為他們的一切事情，付出自己的喜怒哀樂，就好像一個小跟班似，沒有自我。

- 崇拜明星，或者認同某個權威到瘋狂的程度。
- 追趕流行時尚，熱衷於名牌服裝和用品。
- 對所崇拜的人進行模仿，甚至到達瘋狂的地步。
- 過分注重流行，追趕潮流，進行不理性消費。
- 崇拜的物件虛有其表，不具備品質和能力的榜樣性質。

• 無條件服從權威，對權威的語錄深信不疑。遇到有人攻擊自己崇拜的人，就會怒火中燒，與人爭辯。

盲目崇拜讓靈魂被掏空

盲目崇拜會導致盲從，一個人如果養成這種習慣，就會變得碌碌無為，沒有自己的方向。

一名佛教徒遇到了難事，無法解決，便去寺廟裡求觀音幫助。他走進廟裡，發現觀音像前也有一人在參拜，而且那人長得和觀音一模一樣。

佛教徒好奇問那人：「你是觀音嗎？怎麼和觀音長得一模一樣。」

「是。」那人答道。

佛教徒更加好奇：「那你為何拜自己？」

「因為我也遇到困難的事。」觀音笑道：「可我知道，求人不如求己。所以，我拜我自己。」

本來打算求觀音幫忙的人，就這樣若有所思地回去了。

凡人認為自己無法解決的事情，觀音都可以幫自己解決，但其實觀音也有難以辦到的事情。現實生活中，不要對某些人事進行盲目崇拜，認為他們無所不能。盲目崇拜不但會降低自己的能力，也會蒙蔽清醒的頭腦。

現在很多人對一些名人或者權威盲目認同，其實他們並非是從心裡真正的認同，但因為人都具有較強面子心理，他們往往為了顧及面子而依附於他人的思想和認知，從而失去獨立的判斷，處處受制於人。

別讓權威拴住你前進的步伐

有懷疑，才有世間萬物的進步；有懷疑，我們才能突破現狀、超越前人；有懷疑，我們才有追求成功的動力。有懷疑的精神，我們才能有所提升。

愛德華·詹納是個長期生活在英國鄉村的醫生，對民間疾苦有著深切的了解。當時，英國的一些地方發生了天花，奪去許多兒童的生命。詹納眼看著那些活潑可愛的兒童染上天花，因沒有特效藥，不治而亡，內心十分痛苦。

有一天，詹納到一個牧場，發現一個擠奶女工儘管經常護理天花病人，卻從沒得過天花。這令詹納很疑惑，因為天花的傳染性很強，究竟是什麼原因讓擠奶女工得以倖免呢？詹納隱約感到這其中隱藏著什麼。仔細詢問後得知，原來她幼時得過從牛身上傳染的牛瘟病。這個發現使詹納聯想到是否感染過牛瘟病的人，對天花都具有免疫力。

想到這點後，詹納感覺自己已找到解決問題的關鍵，於是馬上採取行動，大膽試驗。先在動物身上種牛痘，效果十分理想。為了讓成千上萬的兒童不再受天花之災，他扛著壓力，在當時僅有一歲半的幼子身上接種牛痘。接種後兒子反應正常，但為了要證明小孩是否已產生免疫力，還要給孩子接種天花病毒。

為了兒童們能健康成長，詹納豁出去了，把天花病毒接種到自己兒子身上，結果孩子安然無恙，沒有感染上天花，詹納的實驗成功了。從此接種牛痘防治天花的方式，從英國迅速傳播到世界各地。

人們總羨慕發明創造者，實際上我們身邊就有許多成功機會。捕捉成功的機遇，取得意想不到的創新成果，往往取決於我們有沒有捕捉問題的敏銳頭腦，有沒有在權威下過「結論」、做過「論斷」的所謂「終極真理」面前敢於質疑的勇氣。

古人說：「學者先要會疑。」「在可疑而不疑者，不曾學；學則須疑。」西方哲學家狄德羅曾經說：「懷疑是走向哲學的第一步。」當我們能夠提出疑問時，正說明我們對這問題有了自己獨立的思考，在此基礎上，才能找到新的方法，以最快的速度解決問題。

對新時代的人來說，我們應該鼓勵自己和他人大膽提出疑問，敢於否定以前的權威觀點，敢說出自己的獨到見解。這樣你才能牢牢抓住成功的機遇。

要用心去看世界

崇拜本身並不是壞事，但盲目崇拜就是種會讓人迷失的情緒。盲目崇拜都會將人帶入歧途，蒙蔽人們的眼睛，讓我們無法看到事物最真實的一面。

真理就像上帝一樣。

我們看不見它的真面目，必須透過許多層面猜測它的存在。真理往往細弱如絲，混雜在一堆假象裡，眼睛、心智，甚至道德的缺失都會阻礙我們敲響真理的門，進而做出錯誤的判斷。

不要太相信自己的眼睛，要用心去看透事情的真相。做事盲目衝動、感情用事常常會導致令人不能承受的嚴重後果。冷靜、理性理應成為我們的生活準則，並用來指導我們做事，往往會離成功較近。

想要不產生盲目跟從的情緒，可以從以下幾點入手。

1. 崇拜對想的選擇，你所崇拜的對象身上一定要有可供學習和參考的積極面，摒棄追星似的盲目狂熱，選擇以理性對待和學習。

2. 利用對名人的崇拜進行自我教育。讓被崇拜人物的高尚品德、創業意志和獻身精神影響我們，啟示我們該如何去對待生活、對待事業、對待未來，及對待成功與挫折。

3.學習並且尋找成功者的足跡；找機會與英雄人物、科學家、藝術家和企業家見面，和他們對話，並從中受到感染和吸取力量；在崇拜同時，更讓理想和信念在心靈深處萌發紮根。

4.不要因崇拜而在名人腳下頂禮膜拜。既有景仰之心，又要有學習之意。克服可望而不可及的怯懦心理，在崇拜中激勵自己，勉勵自己青出於藍而勝於藍。

自我檢視

自己究竟是什麼性格？

1.在路上，有人突然對你大叫：「有人在追我，請幫幫我。」仔細一看，說話的那個人竟然是你的偶像。這時候你認為追著他的人是誰？

A影迷↓跳到4

B記者↓跳到7

2.終於幫他擺脫了追逐者，而他也向你微笑示意，此時你認為他的意思是？

A單純微笑著↓跳到5

B衷心感謝你↓跳到9

3.當這段際遇結束後，他正欲離去，你希望他對你說什麼？

A和你握手說再見↓性格A

B對你微笑告別↓性格B

4.為了躲避影迷的追逐，你會帶他到哪躲避？

A人多的大型商場↓跳到8

B人少的小巷子裡↓跳到2

5.為了躲避窮追不捨的影迷，你會幫他選擇哪種偽裝道具？

A帽子↓跳到13

B眼鏡↓跳到6

6.當你們度過這驚險的一天後，在離別時他留下電話號碼給你，你會如何？

A等過幾天後再打給他↓性格D

B電話可能是假的，算了↓性格B

7.當你們得選擇搭乘交通工具躲避時，你會選擇哪種交通工具？

A公車↓跳到11

B計程車↓跳到2

8.當你們被影迷擋住去路時，此時的影迷大概多少人？

A五人左右↓跳到5

B十人左右↓跳到12

9.當你們躲過追逐，此時他說：「今天我們一起去逛逛吧？」你們會到哪？

A電影院↓跳到3

B餐飲店↓跳到10

10.到了互相告別的時刻，你會對他說？

A今天很高興能幫助你↓性格A

B還有機會見面嗎？↓性格C

11.當你們被記者追到，記者問到緋聞時，你認為他的解釋可能是？

A圈內人士↓跳到9

B圈外人士↓跳到12

12.當他準備謝禮給你時，你想可能是哪種物品？

A新買的手錶↓跳到6

B他用過的飾品↓跳到10

13.他為了答謝你請你吃東西，卻是你不喜歡的食物，此時你會？

A勉強吃↓性格C

B拒絕吃↓性格D

測試結果

性格A：唯命是從型

你是一個附和度高的人，但有時太順從別人，容易缺乏自我的主張和個性。別擔心，適當時候大膽說出自己的觀點，你一樣會獲得別人的讚賞。

性格B：容易軟化型

說你心地善良，那的確是人人都承認的。但是，你欠缺自我肯定的意志力。

性格C：意志變化型

你有自己的想法，不容易被動搖。但是你並非滴水不漏，很多時候，就算心裡不願意，但基於感情，你還是會被動搖，被迫讓步。

性格D：堅持己見型

你是個堅持己見的人，作出決定就不會受他人影響而改變。不少人都欣賞你的意志堅定，行事穩定，但是一直這樣的話，容易在身邊樹立敵人。

弱點11

心存僥倖：總想有「意外收穫」

將人生投於賭博的賭徒，當他們膽敢妄為之時，對自己的力量有充分的自信，並認為大膽冒險是唯一的形式。——史蒂芬．茨威格

僥倖心理是指人不遵守事物發展的客觀規律，用主觀的態度把成功的希望寄託於外力作用和機遇降臨的一種心理。一次投機是僥倖，兩次可以是巧合，三次就成為一種趨勢。心存僥倖的人，總想有意外收穫，不勞而獲。卻無法想到，僥倖不過是暫時落到手中的一件禮物，遲早要交還的。

- 考試之前猜題，考試時作弊。
- 總是期待著「意外收穫」，想不勞而獲。
- 在口頭表達上，經常使用「可能、也許、萬一、搞不好……」之類的辭彙。
- 不肯腳踏實地付出努力，將成功的希望寄託在「好運」上。

• 熱衷於彩券、賭博等投機行為。

僥倖心理可能引火焚身

一頭驢子和一頭牛關係十分好。牠們經常一起玩和吃草。有一天牠們發現一個農夫的果園，果園裡有綠油油的青草，還有成熟的果子。於是牠們偷偷進入果園，在裡面悠閒地吃著青草和樹上的果子。

園丁一點也沒察覺。驢子吃飽後，很想引吭高歌一曲，牛就對驢子說：「親愛的朋友，你就忍耐一下，等我們出了果園，你再唱歌吧！」

驢子說：「我現在真的很想唱歌，作為朋友，你應當支持我才對！」

「可是，可是，要是你一唱歌，園丁就會發現，我們就跑不掉了！」

驢子覺得牛根本不能理解自己的心情，牠說：「我非常想唱歌，而且園丁怎麼會這麼巧的發現我在唱歌？」

牛搖搖頭：「不怕一萬，只怕萬一，萬一園丁來了，我們就慘了！」

「天下再也沒有什麼比音樂和歌曲更能感動人的。可惜你對音樂一竅不通，我怎麼找了你當朋友啊？」驢子繼續說：「他不會那麼巧正好過來的。」

驢子最終還是沒接受牛的建議，開始高歌，園丁聽到聲響，立刻將牠們抓起來。

驢子的僥倖心理，不僅害了朋友，也害了自己。驢子想唱歌表達自己興奮的心情，這是可理解的，但為了一時的僥倖，終將釀成無法挽回的悲劇。

現實生活中許多人也是這樣，不顧真實處境，任性妄為，結果引火焚身，給自己和家人帶來不必要的麻煩。

不勞而獲是帖「毒藥」

不勞而獲得來的「利」，往往是「害」的影子。世上沒有免費的午餐，但偏偏有人抱著僥倖心理，一次次被空幻的利益牽著鼻子走，一步步陷入布局的陷阱中。

古時有個讀書人叫張生，博學，口才極佳，本可有所作為，但因愛占便宜，被騙子騙去了大筆銀兩。張生又氣又恨，希望能抓住那個騙子，有一天他在蘇州閶門碰上那個騙子，騙子盛情邀他去飲酒，並誠懇向他道歉，請他原諒。過了幾天，騙子又跟張生商量：「我們這種人，銀子一到手，馬上就花光，當然也沒有錢還給你。不過我有個辦法，最近我一直在冒充三清冠的煉丹道士。東山有個大戶已和我說好，等我老師一來就主持煉丹之事，可我老師遲遲未歸，你要是肯權當一回我老師，從那大戶身上取來銀子，我們對半平分，作為我對你的賠償，還能多賺一筆，如何呢？」張生聽說有好處，就答應了騙子的要求。於是張生假扮成道士，大戶與扮成道士的張生交談後，深為信服，兩人每天只管交談，而把煉丹之事交給騙子。騙子看時機成熟，就帶著大筆銀子跑了。大戶到官府去告張生，而等待張生的就是一場牢獄之災。

張生是那種一有好處便昏了頭腦的人，竟然為了錢財與騙子一起行騙。他沒有想到，騙子許下的承諾永遠不可能兌現。

凡事有利必有害，不勞而獲的背後更可能隱藏著大害。自古至今，只有能明事非、辨利害，才不會身受其害。

莫伸手，伸手必被捉

心存僥倖是很多人的人性弱點，「莫伸手，伸手必被捉」，這是每個人必須牢記在心、永記在心。

心存僥倖、渴望點石成金，一夜致富的人往往會一無所獲、雙手空空；而那些看似沒有多少進步的人，努力一段時間後，就會獲得成功。踏實跨出你的每一步，就能積少成多，獲得成功。

基於投機心理，僥倖總會在人們意志薄弱時乘虛而入，那麼，該怎樣克服這種弱點呢？

- 樹立正確的心理：確立正確觀念，不要有投機取巧的心理，對自己嚴格要求，要清楚意識到，僥倖是靠不住的，只有腳踏實地的努力才是最可靠的。
- 嚴格要求自己：有的人對自己要求不高，也不嚴格，總認為來日方長，有些事情就算做錯，將來改正也來得及。可是心存僥倖，做壞事，為自己辯解，在悄無聲息中將自己拖入罪惡的深淵而無法自拔。

所以，我們必須強化自身的意識，並在行動上力求避免僥倖誤區，做個實在的人。

自我檢視

你是否有僥倖的心理？

1.考試之前找成績好的同學幫你猜題。
2.明知天氣預報報了有雨還不帶傘出門，因為你認為自己不會正好遇到下雨。
3.總覺得事情會往自己設想的方向發展，雖然這種希望很渺茫。
4.不相信概率論。
5.相信運氣，喜歡買彩券，認為自己很可能因此發財。
6.對超市裡進行的幸運抽獎活動十分熱衷，經常是熱心參與者。
7.覺得偶爾做違規的事不會被發現。
8.你經常說「萬一」、「如果」、「有可能」之類的話。

測試結果

每題都回答「是」或「否」。如果你對上述八個問題至少有五個問題回答「是」，那麼毫無疑問，你有僥倖心理。

弱點12

成見：從哈哈鏡裡看人

成功的第一個條件是真正的虛心，對自己一切敝帚自珍的成見，只要看出與真理相衝突，都願意放棄。——赫伯特．史賓賽

成見指的是心中固定不易變更的看法。這種固定的看法或多或少影響著人際的正常交往和對事物的正確判斷。

很多人喜歡憑第一印象的好惡去判斷一個人的好壞，這樣的判斷是不客觀的，而且帶有成見。你的成見就像一面「哈哈鏡」，照在鏡子裡的人不是變大就是變小，使得你無法客觀看待，讓你的判斷失去標準。

成見具有以下幾種特徵：

- 資訊來源的有限性，會使人判斷失誤，但含有成見的人總是以有限的訊息去衡量事物。
- 過度類化的傾向：一個持有偏見的人常常有光環效應的傾向。如果他喜歡一個人，就順

帶把很多優點都放到他身上，反之，就會認為這個人一無是處。

- 先入為主的判斷傾向：有些人常在資訊尚未收集齊全時，就輕易下決定，對別人印象的判斷也存在這種情況。偏見和誤解有本質上的不同。誤解是在接受到新資訊後作出重新審視和正確的判斷，而持偏見態度的人即使面對有力的事實，也不願改變原來的看法。

成見將人定格成一張照片

德川家康控制三河後，命令手下的本多重次（通稱作左衛門）、高力清長（通稱與左衛門尉）、天野康景（通稱三郎兵衛）三人協助治理岡崎城。

然而當時的情況，三人各有優缺點，不被別人看好。

當時岡崎城流行著這樣一句戲言：「高力入神，作左似鬼，天野像凡人。」

對此，家康並不理會，他力排眾議，並善用三人正直、剛正不阿、剛柔並濟的特點，最終他們終於做出一番成績，得到百姓的認可。

德川家康的手下大多是在德川家康的一手提拔下成長。另外，家康的家臣酒井忠次在家康弒子的事情上，起了推波助瀾的作用。

事實上，忠次對信康早有滿腹怨言，曾多次在戰場上暗自詛咒這小子戰死。當他知悉信長想讓德川家關押信康時，忠次的態度十分強硬。在他的計畫下，信康被殺。

信康一直是家康最喜愛的兒子，他的心情可想而知，但是家康沒有因此對忠次耿耿於懷，變相報復，反而刻意忽略了忠次的仇恨，繼續重用忠次。

部下石川數正恃才傲物，說話行事狂傲不羈，但對時事的評論常常入木三分，有時會令家康非常尷尬而下不了臺階。

如果是一般君主，石川數正鐵定在劫難逃。可是事實相反，德川家康對待他一如既往。雖然後來他因多疑而叛離了家康，但是他在家康麾下時，從未受過冷落。

德川家康給我們的啟示，對人不要有成見。成見施於人，如同把對方定格成一張照片。水準高超的人將醜人照出美感，水準低劣的人將美人照成醜八怪。

在與人交往的過程中，我們並不能夠準確的評價別人，往往是根據既有的了解，對別人進行推測。如果我們對身邊的人存在著較深的偏見，就會影響我們的人際關係，可能會在不知不覺中失去一位良師益友。

放下有色眼光，丟掉你的成見

生活中有一群人，看人總帶有顏色，把正直的人看成惡徒，把有才華的人看成窩囊廢。殊不知，用有色眼光看人，相當於從門縫裡看人，一洞窺天，全是偏見。

一個新聞系的畢業生在外急於尋找工作。一天，他到一家報社對總編說：「你們需要一個編輯嗎？」

「不需要！」

「那麼記者呢？」

「不需要！」

「那麼打字員或校對呢？」

「都不需要，我們現在沒有任何職缺。」

「那麼，你們一定需要這個東西。」這位畢業生邊說邊從皮包中拿出一塊精緻的小牌子，上面寫著「額滿，暫不雇用」。總編看了看牌子，微笑著點了點頭，說：「如果你願意，可以到我們廣告部工作。」這個大學生透過製作的小牌子，表達了自己的機智和樂觀，給總編留下好的「第一印象」，進而為自己贏得一份滿意的工作。

和別人相處時，我們都習慣戴上一付「有色」眼鏡，將別人放進框框裡，再用這框框解釋此人的角色與行為：他是好人、他是壞人，他好像小偷，他很愛占別人便宜……我們甚至把想法投射在別人身上，以致經常偏離事實真相。

例如，當你暗夜走在街上，看見某扇窗亮了燈。也許有人會說：「這一定是母親在為還沒回家的子女等門。」也有人會說：「裡面一定在舉行PARTY！」其實，真實情況是什麼，只有走進屋內才知道。

用有色眼光看人，會使我們犯下許多錯誤，從而影響我們正常的人際關係。放下「有色眼光」，憑事實說話，對別人做出客觀評價，這樣才能使我們避免出現「偏見」的錯誤。

別讓成見左右你的視線

人們的認識往往受到過去經驗、社會傳聞的干擾。選擇戀愛物件也是一樣，社會評價、他人的選擇標準、從傳聞中獲取愛情知識和對方資訊都會嚴重影響人們的眼光。在不能正確對待並且不能排除干擾的情況下，許多人就會有一些偏見。

不僅是談戀愛、工作或選擇朋友都會受到成見的影響。青少年要如何做到不被成見左右視線呢？

憑事實說話，對別人作出客觀評價，這樣是避免出現「偏見」錯誤的最佳辦法。

- 不被社會刻板印象影響：有很多人憑刻板印象辦事。例如看到衣衫不符合自己審美觀念，就認為這個人和自己不投緣。其實只要深入了解，還是有可能成為朋友。

- 第一印象斷定人的好壞：有些人可能會根據第一眼看到對方的形象和風度，或第一次與對方談話留下的印象好壞來判斷，如果對方給自己的第一印象不錯，如長相好、有風度等，那這個人就會和自己成為朋友。反之，就不和他有所交集。
- 先入為主的印象：很多人在選擇朋友時，往往受先入為主的印象所影響，尤其是認識朋友的朋友時，朋友之前的評價會對自己產生較深的影響，但這些都是不客觀的。

沒有主見的人容易受先入為主印象的影響，因為他們容易接受、相信社會輿論和受他人左右。這種人最容易被成見所左右。

自我檢視

你看人是否會以偏概全？

1. 所有的事實收集齊全整理後，我會認為任何問題都只有一個正確答案。
2. 我覺得我是個非常傳統和保守的人。
3. 我總是想獲得事業的成功。
4. 我比大多數人所盡的力少。
5. 我經常希望能有更大的權力和力量。
6. 我主張對違法的人嚴懲不貸。
7. 與朋友們相比，我更懷疑他人的動機。
8. 我對其他種族的人所知甚少。
9. 與大多數父母相比，我的父母很嚴厲。

評分標準

以上問題回答「是」的題目每個得1分，回答「否」得〇分，請計算總分。

測試結果

得分在1~3分

你很成熟、寬容，相對沒有偏見。你對他人持「與人方便，與己方便」的態度。

得分在4~6分

你的偏見程度為中等。記住，有改進的空間喔。

得分在7~9分

你傾向於對他人得出偏見性的結論。戰勝偏見的方法之一是你要更深入了解對其存有偏見的那些人。也許你會驚奇發現，他們也像你一樣，在生活中經歷困難。

弱點13

優柔寡斷：最終一事無成

世界上最可憐又可恨的，莫過於那些總是瞻前顧後、不知取捨的人，莫過於那些不敢承擔風險、徬徨猶豫的人，莫過於那些無法忍受壓力、猶豫不決的人，莫過於那些容易受他人影響、沒有自己主見的人，莫過於那些掂輕怕重、不思進取的人，莫過於那些從未感受到自身偉大內在力量的人，他們總是背信棄義、左右搖擺，最終自己毀壞了自己的名聲，一事無成。——佚名

優柔寡斷，機會稍縱即逝。那些猶豫不決的人，在機遇面前，沒有果斷力、沒有信心，他們的一生也就註定平庸。優柔寡斷的人在取捨之間無法做出決定，最後讓他們失去全部，還浪費了很多精力。

- 沒有自信。害怕自己做出的決定是錯誤的。

- 很難對事情確立自己的目標。面對一件必須完成的任務，不是積極著手進行，而是一個個否定掉，結果只能徒增煩惱，喪失信心。
- 依賴他人。不敢為自己負責，只想讓別人為自己做決定，這樣將來出現失誤時，就可以埋怨他人。
- 看別人的眼色行事。經常費了不少時間及精力來決定做什麼，並浪費更多的光陰來猶豫是不是該做其他事。由於心中負荷太多令人煩惱的問題，於是變得非常在乎別人的意見及依賴他人的意見。

越怕失去就越容易失去

每個成功者的背後都有許多條交錯往復的路，而機遇就像在每條路口旁的路標，指引著善於把握時機者踏入成功之途。

世界上最可憐的就是，那些遇事舉棋不定，優柔寡斷，遇到機會不知所措的人。

中敏是個聰明而且有能力的女孩子，部門主管很賞識她，準備叫她負責整個部門的規劃。中敏聽到這個消息，不是高興地跳起來，而是被嚇壞了。她不知道該怎麼處理，害怕以後承擔出錯時的責任，擔心大家不會同意她的提議。結果，她一直沒有提交相應的規劃，部門主管只好改派另一個同事來完成這項工作，並且不敢再給申敏更多的工作。

申敏應該從這次教訓中得出一個道理：因為她優柔寡斷，只會讓絕好的機會從身邊溜走。如果已選定目標，就不要猶疑，有時你越怕失去，就越容易失去。

要想獲得成功的果實，光有想法是不夠的，想好了你得去行動，只有將想法付諸行動，全力以赴，才可能獲得成功。

機會之神不青睞猶豫者

機會來了不自覺或沒有把握，一直在心裡徘徊著要不要行動，機會就在徘徊中溜走。

在機會面前，一個人要有頭腦，有自己的判斷取向，不要人云亦云，才會為人所稱道。那些總是搖擺不定、猶豫不決的人最終將一事無成。因此，試圖面面俱到、萬事平衡的人做出無益而瑣碎的分析，是抓不住事物本質的。決策最好是決定性的、不可更改的，做出決定後就要用所有力量去執行，就算有時會犯錯，也比某些人那種總是思來想去的習慣來得好。

該如何練就果斷，及時抓住機會的能力呢？

- 凡事要有自己的獨到認識。不能聽信人言，要有自己的正確判斷，並且知道何時該做出決定。

- 要有一定的魄力。選擇總是困難的，只有足夠的魄力才能促使人下定決心做出選擇。
- 要有擔當，能夠為自己的選擇負責任。
- 多面思考尋求最佳決斷。全面考慮，而不是獨斷專行，那樣的果斷是不可取的。

自我檢視

你是個果斷的人嗎？

以「是」或「否」回答下面十二道問題。八分鐘之內完成。

1.你能很快地適應與以前有很大變化的新制度、新安排嗎？

2.到一個新的學習環境，你能儘快熟悉，而且融入其中嗎？

3.假設你對某些問題的認識與大多數人不同，你會對大家表達你的見解嗎？

4.如果其他人有更簡易的解決問題方式，你能毫不遲疑向他學習嗎？

5.如果犯了某種錯誤，你會千方百計掩飾並且拒絕承認是自己的問題嗎？

6.你能直接說出拒絕某事的目的和原因，而不以謊話掩蓋真相嗎？

7.經過深思熟慮後，你會推翻或改變以前對某些事物的看法和判斷嗎？

8.在未被允許前，你會以自己的想法修改正在閱讀的文章嗎？

9.你會在超市裡購買你很喜歡，但對你並沒實際用處的物品嗎？

10.在重要人物或師長的勸告下你會改變你的想法或做法嗎？

11.你是否會在假期到來前的一週就做好了假期生活規劃？

12.你能做到永遠對自己說的話負責嗎？

評分標準

以上題目中，

第1，3，7，12題回答「是」計3分，回答「否」計0分；

第4，6，8題回答「是」計2分，回答「否」得0分；

第2題回答「是」計4分，答「否」計0分；

第5題回答「是」計0分，回答「否」計4分；

第9題回答「是」計0分，回答「否」計2分；

第10題答「是」計0分，「否」計3分；

第11題答「是」計1分，「否」計0分。

請計算總分。

測試結果

0～9分

你很不果斷，遇到任何事你都不能在較短時間內作出判斷，即使你胸懷大志，也難有施展的地方，缺乏魄力成了你為人處世中最大的障礙。

10～18分

你能夠在一定程度上作出決斷，但極其小心慎重；不過若遇需馬上決定的大事時，你也不會遲疑。在你身上慎重並不代表猶豫。

19～28分

你是個十分果斷的人。你在思考問題時，有較強的邏輯性和連貫性，再加上你的經驗，你可以非常迅速地對突發事件作出判斷，並採取有效的解決辦法。你很自信，下了決心就會堅持到底，但你並不一意孤行，發現錯誤也能果斷回頭。

29分以上

你已經近似武斷了，你認為自己無所不能，唯我獨尊。如果你有機會處在領導崗位上，這樣的做法對你顯然有不利的影響，你急需改變這種作風。

弱點14

苛求完美：就算「十全九美」也不滿意

甘瓜苦蒂，天下物無全美。——墨子

苛求完美是一種病態的心理，這些人的心就如同患上潔癖，容不得一點點的瑕疵，任何的不完美，都會讓他們不滿。但這個世界並不完美，人生當有不足。對於每個人來講，不完美是客觀存在的，不需要怨天尤人。

換句話說，正因為有不完美的人生，才讓人的生命有了追求前進的動力，珍惜缺憾，它就是下一個完美。苛求完美的人有以下幾點特徵：

- 自己認為好的東西，別人也一定要認為好，不然會很憤怒。
- 對自己的要求過於嚴格，常常使得自己痛苦不堪，但一想到要以不完美的形象出現在眾人面前，就無法忍受。
- 經常對自己或他人感到不滿，因而挑剔自己或他人所做的任何事。

- 常常更換想法，擔心原先的想法不夠完美。
- 經常對居所換一種安排傢俱的方式，擔心傢俱的排放不夠完美，會讓客人恥笑。

得不到的總是最好的

生活中常有這種事情：來到跟前的往往輕易放過，遠在天邊的卻苦苦追求；擁有它時感到平淡無味，失去它時方覺可貴。可悲的是，這種事情常發生，我們卻依然覬覦那些「得不到」的，跌入這種「得不到的總是最好」的陷阱，因而失去了我們身邊的寶貝。

從前，有一個人，他生前善良且熱心助人，所以他死後，升上天堂，做了天使。祂當了天使，仍時常到凡間幫助人感受到幸福。

一日，祂遇見一個農夫，農夫的樣子非常苦惱，他向天使訴說：「我家的水牛病死了，沒牠幫忙犁田，我怎麼下田工作呢？」

於是天使賜他一頭健壯的水牛，農夫很高興，天使在他身上感受到幸福的味道。

又一日，他遇見一個男人，男人非常沮喪，他向天使訴說：「我的錢被騙光了，沒盤纏回鄉。」

於是天使給他銀兩做盤纏，男人很高興，天使在他身上感受到幸福的味道。

又一日，他遇見一個詩人，詩人年輕又英俊、有才華且富有，妻子貌美而溫柔，但他卻過得不快活。

天使問他：「你不快樂嗎？我能幫你嗎？」

詩人對天使說：「我什麼都有，只欠一樣東西，祢能夠給我嗎？」

天使回答說：「可以。你要什麼我都可以給你。」

詩人直直望著天使：「我要的是幸福。」

這下子把天使難倒了，天使想了想，說：「我明白了。」

然後，把詩人目前所擁有的都拿走。

天使拿走詩人的才華，毀去他的容貌，奪去他的財產和他妻子的性命。

天使做完這些事之後，便離去了。

一個月後，天使再回到詩人的身邊，他那時餓得半死，衣衫襤褸躺在地上掙扎。

於是，天使把他的一切還給他。

然後，又離去了。

半個月後，天使再去看詩人。

這次，詩人摟著妻子直向天使道謝。

因為，他得到幸福了。

在這個世界，完美也是一件可怕的事，如果你每做一件事都要求完美無缺，便會因心理負擔而不快樂。當一個人要求別人完美，自身的缺點便顯現無遺。詩人苛求完美的生活，卻沒有意識到自己的生活其實已經很完美了，誰能真正十全十美呢？

道理雖然淺顯，可當我們真正面對一些不完美時，依然會怨天尤人，得不到的總是最好。人們總是容易忽視手裡的幸福，而去企望別人手裡的東西，這樣的心態只會讓自己陷入痛苦。

每個人都是缺一角的圓

對於每個人來講，不完美是狠正常的，無須怨天尤人，上帝對任何人都是公平的，它賜給音樂家才華，就不再賜給他容貌，它賜給了科學家頭腦，就不會再賜給他歌喉……

有一個女孩，她自小的夢想是成為一位歌唱家，可是她長得不好看。她的嘴巴很大，牙齒暴露，每一次在新澤西州的夜總會裡公開演唱，她都想把嘴唇閉起來蓋住她的牙齒。她想要表演得「完美」結果呢？只是讓自己大出洋相，逃脫不了失敗的命運。

可是，在夜總會裡聽這個女孩子唱歌的一個男人，發現她很有天分。他很直率地說：「我一直在看妳表演，我知道妳想掩藏什麼，因為妳覺得自己的牙長得很難看。」這個女孩一聽滿臉通紅。

可是那個男人繼續說：「難道暴牙就罪大惡極嗎？不要去遮掩，張開妳的嘴巴，觀眾欣賞的是妳的歌聲！」

女孩接受忠告，不再去注意牙齒。從那時開始，她只想到觀眾，她張大嘴巴，熱情歌唱著，後來她成為電影界和廣播界的一流紅星。她的名字叫艾莉西亞・凱斯。

這個世界不是所有東西都讓人滿意，也沒有任何一件事物是十全十美的，它們或多或少皆有瑕疵，人類亦同。我們只能盡最大能力去使它更完美。智者告訴我們，凡事切勿過於苛求，採取一種務實的態度，你會活得更快樂！

沒有一個人是完美無瑕的，難道有缺點和不足就註定悲哀，無法成就大事嗎？答案是否定的，有時候，缺憾也是一種美，如同斷臂的維納斯。也許正是失去，才令我們完整，也許正是缺陷，才體現我們的真實。

不要因為不完美而難過。世界上根本沒有完美，正是有了缺憾，我們才會更加珍惜這個世界。

卸下「完美」的枷鎖

完美主義者表面上很自負，內心深處其實自卑，因為他很少看到優點，總是關注缺點。如果不知足，很少肯定自己，自己就很少有機會獲得信心，當然就會自卑。不知足就不快樂，痛苦就常常跟隨著他，周圍的人也會不快樂。學會欣賞別人和欣賞自己是很重要的，這是使人更進一步實現下一個目標的基石。

智者即使再優秀也有缺點，愚者再愚蠢也有優點。生活中對己寬、對人嚴的做法，必定遭別人唾棄。對人多做正面評估，不要用放大鏡去看缺點，避免以完美主義的眼光，去觀察每一個人，而應以寬容之心包容缺點。少一些責難之心，多一些寬容之心。

把「缺陷、不足」這塊堵在心口的石頭放下來，它就不會成為你的障礙。

人們總是對人生抱有一種力求完美的心態，凡事都要力求完美，就好像三國時期的諸葛亮，即使手下有很多精英強士，卻總是親力親為，不敢有任何馬虎。其實，我們大可卸下「完美」的枷鎖，適當休息一下，才能成為一個幸福快樂的人。

根據心理學的研究證明，試圖達到完美境界的人與他們可能獲得成功的機會，恰恰呈現反比。追求完美會給人帶來焦慮、沮喪和壓抑。事情剛開始，他們就擔心失敗，這反而妨礙他們全力以赴取得成功。一旦遭到失敗，他們就會異常灰心，想儘快從失敗的境遇中逃開。他們沒有從失敗獲取任何教訓，只是想方設法讓自己避免尷尬的場面。

心靈筆記

如何從追求盡善盡美的誘惑中擺脫出來。

第一，對自己有一個正確的評價。

對自己的定位準確是很重要的，有人總喜歡追求不切實際的目標，就是因為他將自己的定位標得很高，使自己總是去做一些能力所不及的事，這樣會讓他們生活得很累。

第二，不害怕失敗。

完美主義者認為失敗是不可容忍的，是人生的污點，但其實失敗能夠提供很好的人生經驗，是不可多得的財富。人只有經歷失敗，才能到達成功的巔峰。

第三，切合實際為自己定下目標。

做一件力所能及的事情，會讓人心情很好。同時你的生活也會因此豐富，變得富有色彩，充滿人情味，而不像你原來所想的那樣暗淡。

自我檢視

你是個完美主義者嗎？

根據你的實際情況，回答下列問題：

1. 你是否認為成功或完美的人，才是有價值的人呢？
2. 在與他人交往時，你是否總擔心自己的言行舉止不得體？
3. 完成某項任務後，你是否總害怕出現紕漏？
4. 你是否經常覺得自己這也不行，那也不行？
5. 當你沒有達到某個目標或個人標準時，你是否不能原諒自己？
6. 你是否總有一種不完善的擔憂？
7. 當你遇到挫折和失敗時，你是否總是責難自己或萬念俱灰？
8. 你是否總是努力去贏得人們的讚賞？

評分標準

回答「是」計1分，「否」計〇分。

測試結果

小於3分：表明你離完美主義還有一段距離。

3~5分之間：表明你有完美主義傾向。

大於5分：表明你是一個真正的完美主義者。

弱點15

吹毛求疵：從顯微鏡裡看人

不會寬容人的人，是不配受到別人的寬容。——貝爾奈

「吹毛求疵」的意思是你在仔細觀察尋找哪裡有需要修理的地方，也就是找到生活的破損和缺陷，然後盡力修補。吹毛求疵的人總喜歡拿著顯微鏡觀察生活，然後挑出生活的毛病，這樣的人不但活得很累，還很容易遭到他人的誤解和不滿。

- 總盯著別人的缺點，常常故意找別人的差錯。
- 對環境的要求很苛刻。
- 將別人的缺點無限放大，並進行責備。
- 買東西總是反覆掂量，對一些不需考慮的事也想很多，最終買不到自己需要的東西。
- 對食物要求很嚴格，任何不滿意的地方都不能容忍。

不要在別人身上吹毛求疵

沒有人是完美的，對待他人應像對待自己一樣，別太挑剔。

斯蒂夫不是個引人注目的人。他本可以悠閒自在、安安靜靜的，但他偏喜歡不停向人「介紹」自己，拿自己和別人比較。

當斯蒂夫說約翰長得太高時，同事忍不住看了看斯蒂夫，發現他實在太矮。當斯蒂夫講丹妮的眼睛看著讓人噁心時，同事才注意了斯蒂夫的眼睛，並拿他的眼睛和丹妮的相比較，這才吃驚地發現，其實相較之下，丹妮的眼睛原來是那麼清澈明亮。斯蒂夫說史密斯有個難看的塌鼻子，卻沒注意到他自己臉上的肉團也不怎麼樣。

生活中有多少人在用挑剔的眼光批評別人！是的，他「五音不全」，可他哼唱的歌曲，卻充滿了快樂的精神。

是的，她長得不算好看，但真摯的微笑，使她顯得動人。

是的，她已年近半百，然而純真自在且童心未泯。

是的，他思維不夠敏捷，但他從不算計別人。

你能說，他們不好嗎？

夕陽射出一抹金光，留在茸茸的草坪上；海風撫摸著大海；藍天親吻著大地；太陽依舊東升西落，星星依然閃爍在夜空。

啊，宇宙依然這麼壯麗。你為什麼看不到這一切，只在別人身上吹毛求疵，尋找缺陷呢！

當你要去「挑剔」一個人時，這確實只表示你才是那個需要被批評的人。無論你是否對你的人際關係或生活的某些方面吹毛求疵，還是兩者都有，你所需要去做的，只是將「吹毛求疵」這個壞習慣去除掉。當這個習慣改掉之後，你會減少去挑剔你的夥伴或朋友，就越能注意到你的生活確實很美好。用欣賞的眼光看待同事和朋友，盡量找找他們身上的優點吧！

對別人寬容，就是對自己寬容

有一對夫婦，他們倆對周圍環境的態度經常持相反意見，即便是兩人一起遇到事情，看法也大不相同。

某次，他們參加一個晚宴，兩個人形容這一晚的情況，評價和感覺都顯然不同。

太太詳細把他們參加的那次「糟透了」的晚宴講了一次，抱怨吃得不好，客人們言談無趣，主人冷落她，一整晚很無聊。

她的丈夫也把那次晚宴情況對朋友述說一番。他興高采烈講述的內容，和他太太形容的完全相反。「我當時開心得要命」他喜形於色對朋友說，「那次晚宴好極啦！痛快極啦！那麼多客人都很有趣，菜非常出色，主人也周到極了！」

顯然，這對夫婦在對待身邊的環境態度是不一樣的，所以對同一事件的感覺才出現了戲劇性的分歧。他們一個人把精力集中在對環境的不滿上，一個晚上都盡力的對一切發牢騷和吹毛求疵，於是看到的都是毛病；另一個打定主意開心玩樂，享受環境，於是玩得很盡興。

人活在這世界，環境是你生存的基礎，吹毛求疵會降低了我們的生活品質。我們有時精神萎靡、心境惡劣、疲憊不堪，不正是由於過分注重一些小事才引起的嗎？這種性格上的弱點，除了自我折磨，並不會產生任何積極的結果。

吹毛求疵者的眼光總是非常狹隘。他們只顧眼下，不管將來；只計較細小的事情，沒有遠大的計畫；容易對一些過去的事惋惜和悲傷，無法從瑣事中抽身出來。

寬容環境，首先要學會忍受環境帶來的種種不方便，不抱怨，不強迫，不做任何影響自己的事，主動去接受它，適應它，當你可以和周圍的環境融為一體，看到生活中好的方面，世界就會變得更加美好。

不要執著於小事

只有對一些小事「粗心」些，才能真正品味到生活的樂趣，也才有充沛的精力去處理人事，進而有所發現，有所領悟。這樣心境也自然變得舒暢。

在日常生活中，我們總是要和朋友、同事相處，總要不可避免地產生一些矛盾。在這種情況下，究竟應當採取什麼態度？

朋友之間，還是嚴於律己、寬以待人來得好。「寬以待人」是自古以來的優良道德傳統，在今天仍然應當加以繼承和發揚。一個有道德的人，在與別人的相處中，由於能夠關心別人、尊敬別人，所以，他也就能夠得到別人的關心和尊重。這也就是「愛人者，人恆愛之；敬人者，人恆敬之」的道理。

一味責怪他人，不關心自己也不知道關心別人的人，是永遠不會處理好人和人之間的關係的。「寬以待人」是一種待人接物的態度，而且還是一種高尚的道德，它能夠化解人和人之間的許多矛盾，增強人和人之間的友好情感。

雨果說：「世界上最寬闊的是大海，比大海更寬闊的是天空，比天空更寬闊的是人的心靈。」吹毛求疵的人就是需要好好學習這樣的境界。

以下是克服「吹毛求疵病」的方法，希望能對大家有所幫助。

- 挑剔他人之前先反省自己：不要總看著別人的缺點，先看看自己有沒有什麼缺點可以改進。
- 用寬容的心看待世界：完美並不存在，在生活中他人身上存在一些不盡如人意的地方是很正常的，你需要用一顆寬容的心去看待這一切。
- 抱著一顆感恩的心：不要只記得自己的好，請你記得：你現在的一切，都是上天恩賜你的，都是你的福，你所做的一切不好的事，已經被時光遺忘，而你現在所要面對的，是一個全新的你！抱著感恩的心，你的未來會很美好！

自我檢視

你是一個挑剔的人嗎？

以下這個測試是人力資源專家菲爾博士曾使用過的，朋友們不妨一試。

1. 你何時感覺最好？

A早晨。

B下午及傍晚。

C夜裡。

2. 你走路時是……

A大步快走。

B小步快走。

C不快，仰著頭面對著世界。

D不快，低著頭。

E很慢。

3. 和人說話時，你……

A 手臂交疊地站著。

B 雙手緊握著。

C 一隻手或雙手放在臀部。

D 碰著或推著與你說話的人。

E 玩著你的耳朵、摸著你的下巴，或用手整理頭髮。

4. 坐著休息時，你的……

A 兩膝併攏。

B 兩腿交叉。

C 兩腿伸直。

D 翹著腳。

5. 碰到你感到發笑的事時，你的反應是……

A一個欣賞地大笑。

B笑著，但不大聲。

C輕聲地笑。

D羞怯地微笑。

6.當你去一個派對或社交場合時，你……

A隆重入場以引起注意。

B安靜入場，找你認識的人。

C非常安靜地入場，盡量保持不被注意。

7.當你非常專心學習時，有人打斷你，你會……

A歡迎他。

B感到非常惱怒。

C在兩者之間。

8.下列顏色中，你最喜歡哪一種顏色？

A紅或橘色。

B黑色。

C黃色或淺藍色。

D綠色。

E深藍或紫色。

F白色。

G棕色或灰色。

9.臨入睡的前幾分鐘，你在床上的姿勢是……

A仰躺，伸直。

B俯臥，伸直。

C側躺，捲曲。

D頭枕在一個手臂上。

E被子蓋過頭。

10.你經常夢到你在……

A落下。

B打架或掙扎。

C找東西或人。

D飛或飄浮。

E你平常不作夢。

F你的夢都是愉快的。

評分標準

題號	選項A	選項B	選項C	選項D	選項E	選項F	選項G
1	2分	4分	6分				
2	6分	4分	7分	2分	1分		
3	4分	2分	5分	7分	6分		
4	4分	6分	2分	1分			
5	6分	4分	3分	5分			
6	6分	4分	2分				
7	6分	2分	4分				
8	6分	7分	5分	4分	3分	2分	1分
9	7分	6分	4分	2分	1分		
10	4分	2分	3分	5分	6分	1分	

測試結果

將所有分數相加，得出你的測評結果。

0～21分：內向的悲觀者

人們認為你是個害羞、神經質、優柔寡斷、需要人照顧的、永遠要別人為你做決定、不想與任何事或任何人有關的人。

22～30分：缺乏信心的挑剔者

你的朋友認為你是一個謹慎、十分小心，一個緩慢而穩定勤勞的人。如果你做任何衝動的事，會令他們大吃一驚。

31～40分：以牙還牙的自我保護者

別人認為你是一個明智、謹慎、注重實效的人，也認為你是一個伶俐、有天賦、有才幹且謙虛的人。你不會很快、很容易和人成為朋友，但如果你交了朋友，就是一個對朋友非常忠誠的人，同時要求朋友對你也有忠誠的回報。

41～50分：富有活力的完善者

別人認為你是一個有活力的、有魅力、好玩的、講究實際的、永遠有趣的人。你經常是群眾注意力的焦點，但是你是一個足夠平衡的人，不至於因此而昏了頭。他們也認為你親切、和藹、體貼、能諒解人。你永遠會使人高興並會幫助別人。

51~60分：吸引人的冒險家

別人認為你有一個令人興奮的、高度活潑的、相當易衝動的個性。你是一個天生的領袖，你做決定會很快，雖然你的決定不總是對的。別人認為你是大膽和冒險的，會願意讓你嘗試做任何事情，你是一個願意嘗試機會而且欣賞冒險的人。

60分以上：傲慢的孤獨者

在別人的眼中，你是自負、自我的，是個具有支配、統治慾望的人。別人可能欽佩你，但不會永遠相信你，會對與你更深入的來往有所猶豫。

弱點16

朝三暮四：別人碗裡的肉總是比較香

一個人不能騎兩匹馬，騎上這匹，就會丟掉那匹。聰明人會把分散精力的要求置之度外，只專心致志地學一門，學一門就要把它學好。——約翰．沃夫岡．馮．歌德

朝三暮四的人不能專注，他們始終看著別人碗裡比自己碗裡的食物香，眼睛只盯著別人碗裡，而忽視自己面前其實也有一份美味的食物。

很多人面臨失敗手足無措，卻找不到原因，是因為他不知道自己的失敗是朝三暮四所導致的。不能始終如一的堅持是許多人失敗的原因，朝秦暮楚是他們共同的特性，而一事無成是他們的宿命。

- 做事三心二意，不能夠一心一意去做一件事。
- 注意力不集中，總是分心。

- 愛好很多，卻沒有一樣精通。
- 做事沒耐心，不喜歡單調的生活，喜歡一心多用，不管任何科目都三分鐘熱度，剛開始很認真，後來就虎頭蛇尾。

別讓「全才」的名號毀了你的前程

在我們身邊總有許多庸人，他們總是納悶自己為什麼會學無專長、一生碌碌無為？仔細觀察，就會發現庸人的缺點就是難以專心致志。他們做任何事情都不能竭盡全力，總想嘗試各種新鮮事物，可是又無法做到專注和專攻，最後一事無成，沒有一樣能夠拿得出手的本領。

有隻兔子，身材很修長，天生就很會「跳躍」，所以牠一直有著「跳遠第一名」的美譽，為此感到無比自豪和光榮。

一天，森林裡的國王宣布，要舉辦運動大會，於是兔子報名參加「跳遠」項目。果然兔子擊敗了雞、鴨、鵝、小狗、小豬……奪得了跳遠比賽冠軍。

正當兔子得意之際，有一隻老狗告訴兔子：「兔子啊，其實你的天分資質很好，體力也很棒，你只得到跳遠一項金牌，實在可惜。只要你好好努力練習，你還可以得到更多比賽的金牌啊！」

「真的啊？你覺得我真的可以嗎？」兔子似乎受寵若驚。

「沒錯啊，只要你好好跟我學，我可以教你跑百米，游泳、舉重、跳高、推鉛球、馬拉松……你一定沒問題啊！」老狗說。

在老狗極力慫恿下，兔子開始每天練習「跑百米」、早晚也跳下水「游泳」，游泳累了，又上岸，開始「練舉重」；隔天，跑完百米，趕快再「練跳高」，甚至撐著竿子不斷往前衝，也想在「撐竿跳」比賽中奪魁。接著，又推鉛球，也跑馬拉松……

第二屆運動大會又來了，兔子報名很多項目，可是跑百米、游泳、舉重、跳高、推鉛球、馬拉松……沒有一項入圍，連以前最拿手的「跳遠」成績也退步了，在初賽中就被淘汰了。

有些人擁有很強的企圖心和欲望，以為自己無所不能，所以想在各方面出人頭地，他們就像兔子一樣，在別人的慫恿下，信心十足，落得竹籃打水一場空的下場。

每個人都想做全才，但其實做一個專才更重要。如果你想成功，就必須克服朝三暮四的毛病，培養做事專一。

讓「專心」生根發芽

也許你會問，在通往成功的道路上，怎麼才能讓自己如虎添翼，越來越接近成功？

錢穆先生給了我們答案：用功皆在一心，專心便能快速取得成功。

專心是成功不可少的條件，所謂專心就是把意識集中在某個特定的行為，而且成功將之付諸實際行動為止。在成功的過程中，專心具有十分重要的意義。如果說成功有什麼祕訣，這祕訣就是「專心」。在面對學習中的難題、生活的困惑時，如果我們以專心來應付，我們遇到的這些問題必然會迎刃而解。

錢穆先生是個自學成才的國學大師，他認為在求學過程理應具備「耐心」和「恆心」，就是指讀書貴在堅持。倘若讀書不肯平心靜氣、專心閱讀，便易患懶惰之疾；讀書時若存功利心，為發家揚名為目的，又易心浮氣躁。錢穆先生深諳讀書之道，他反覆告誡學生要從容讀書，持之以恆，不可存懈怠、浮躁之心；要細心體味，不能只顧翻書，只為查找需要的材料而讀書。

用心不專是生活中的大忌。一事無成是因為人常常用心不專的惡果。那些成功的人，往往是因為心無旁騖、專注找尋一個目標，確定並專注最適合自己的發展方向，才取得了成就。

物理學家安培研究物理著了迷。為免受俗人打攪，便在自家門上掛了一塊牌子，上寫「安培先生不在家」。一次，他邊走邊思考一個物理問題，走到家門口，抬頭看見門上掛的牌子，驚訝地說：「原來安培先生不在家！」扭頭就走了。很晚很晚，家人才在街上找到遊蕩的安培先生。

錢穆先生曾說過：「精力集中在一點上能成就萬事，志向確定在一件事上，並全心全力投入，不避險阻，不辭艱苦，不計患難，不計得失，不計生死，這樣就算前面有移山倒海的大困難，也能妥善解決。」

如果安培不是這樣一心一意，心無旁騖，他也不可能在物理學有一番成就。只要我們專心於某件事並為之奮鬥必定可以取得成功。只要我們具備專心的毅力和意志，就能如虎添翼！

一生只要認真做好一件事

一個人的精力和時間是有限的，在這種情況下，如果選不準目標，到處亂闖，幾年的時間一晃就過。如果想取得突破性的進展，就該像學打靶一樣，迅速瞄準目標。

所以，只要我們雙眼專注於自己「懂什麼」的專長時，才能獲得成就。朝三暮四，好高騖遠，眼高手低的人是永遠不會有大成就的，因為他們無法專心去做一件事情，他們總想要多才多藝。可是他們卻忽視了一點，人這一輩子，要認真做好一件事情，也是很不容易的。

「好高騖遠」、「注意力分散」是成功的大忌！專注於自己的領域，才是成功的保證。我們這一生，不一定要拿博士學位，但盡量讓自己成為「專家」；因為不管你從事哪個行業，只有成為頂尖的人才，才能真正出類拔萃、出人頭地！

專注於某一件事情，盡力把它做到無可挑剔，那你可能比技能雖多但無專長的人更容易獲得成功。

心靈筆記

怎麼才能培養專注的習慣：

1. 不去嫉妒他人的成功

只要踏實做好自己手頭的事情就足夠，別人的成功只是激勵自己前行的動力，卻不能因為別人成功，就去動搖自己的目標，確認自己的目標，執著追求，才是最正確的做法。

2. 不要被失敗嚇倒

害怕失敗是很多青少年的普遍心理，失敗讓他們裹足不前，甚至一次失敗就會對他們終生造成影響。失敗是不可避免的，要將失敗當做是教訓，下次不再犯這樣的錯誤。

3. 要肯吃苦

吃苦是成功的必要條件，可是很多人害怕吃苦，遇到一點困難就退縮，這種心態是萬萬要不得的。不要光羨慕別人的成果，要下些苦功才行。

自我檢視

測測你的注意力！

下面每一行中都有一些兩數之和等於10的成對的數。找出這些數，並在下面畫上線。

請在七分鐘內完成該測試題。

A	2 9 1 4 8 7 5 6 3 9 4 6 7 8 8 3 1 2 3 4 5 6 7 8 9 8 7 6 5 4 3 7
B	9 8 7 6 5 4 3 2 1 9 8 7 6 5 4 3 1 4 2 1 5 2 1 6 2 1 7 2 8 1 9 2
C	1 2 3 4 5 6 7 8 9 1 2 3 4 5 6 7 1 5 2 1 6 3 1 7 4 6 1 3 5 1 2 4
D	3 3 4 6 7 3 8 2 9 1 4 5 6 7 3 4 9 1 2 9 1 2 3 1 9 8 7 6 5 1 9 0
E	5 3 9 8 2 7 7 4 6 7 5 3 7 0 9 8 8 0 2 8 3 8 2 0 8 2 4 6 5 9 3 4
F	2 0 5 6 3 7 7 0 8 9 5 7 4 9 7 4 5 5 0 5 5 3 3 5 5 4 4 6 5 5 0 5
G	6 4 3 2 8 9 7 6 3 7 8 2 0 9 3 8 2 4 5 7 8 6 4 0 1 8 2 5 8 6 4 0
H	7 6 5 5 4 7 4 4 4 6 6 6 8 8 8 3 1 3 4 5 1 7 8 9 1 3 1 4 1 5 6 1
I	3 2 1 3 2 1 1 2 3 1 2 3 5 4 3 7 8 2 3 9 2 3 7 2 3 6 3 2 4 3 7 6
J	9 8 7 9 8 7 8 7 6 8 2 6 7 6 5 7 0 1 9 8 6 8 4 7 4 3 2 8 9 6 1 0

Y	X	W	V	U	T	S	R	Q	P	O	N	M	L	K
6	4	6	8	4	8	9	4	9	6	2	9	8	2	1
2	8	4	9	8	3	0	0	7	3	7	1	3	4	9
4	2	2	5	6	6	1	4	5	8	3	8	6	6	8
8	9	8	7	5	5	6	3	4	6	4	2	5	8	7
2	5	6	3	4	4	1	9	3	0	8	7	9	2	3
7	1	4	8	8	2	9	3	3	9	5	3	1	4	8
4	6	9	6	7	8	8	4	5	1	5	6	7	6	2
6	3	7	9	6	9	4	7	4	8	6	4	2	8	6
3	8	6	0	9	6	6	3	6	7	4	5	3	3	4
8	3	2	1	8	6	3	6	8	6	7	5	7	6	5
9	7	8	0	3	1	2	8	2	4	2	8	5	9	5
6	8	0	2	4	0	8	2	2	3	3	1	9	1	9
1	4	1	8	7	3	7	4	5	8	7	8	4	1	1
9	6	8	5	3	6	6	7	4	2	8	3	3	8	0
8	7	3	3	8	8	4	4	6	9	0	7	7	1	8
4	5	6	7	9	2	2	6	6	2	2	2	6	9	8
8	2	5	8	6	6	8	3	8	8	6	9	7	4	4
3	2	2	2	4	7	4	6	5	7	7	1	7	4	2
2	6	8	3	7	5	8	4	7	6	7	0	6	5	3
8	6	3	2	4	4	7	7	4	5	5	8	6	5	4
4	3	6	8	6	6	6	5	6	4	6	2	5	5	5
5	3	6	1	7	9	5	8	3	6	7	0	5	6	6
5	7	7	8	6	8	9	6	5	5	5	7	4	6	8
9	7	7	1	4	4	0	9	2	4	6	4	4	6	3
1	4	8	7	7	5	7	7	9	3	7	5	3	6	4
8	4	8	1	6	7	1	2	6	5	5	6	3	7	5
2	8	9	6	4	3	1	8	6	4	6	7	2	7	6
6	8	9	1	7	4	5	3	4	3	4	8	2	7	7
4	5	1	5	3	2	1	7	5	2	5	9	1	7	9
3	5	1	6	4	8	6	2	3	3	7	2	1	7	4
7	9	2	4	6	9	8	8	4	2	6	3	9	3	6
9	9	2	8	8	1	2	3	2	1	6	4	9	8	7

評分標準

共有143對數字加起來後等於10。每答漏或答錯一對數字，扣1分，總成績為143分。

測試結果

如果你的分數在0~26的區間內，你的注意力水準不佳。

如果你的分數在27~37的區間內，你的注意力為中等水準。

如果你的分數在38~48區間，你的注意力良好。

如果你的分數在49~143區間內，你的注意力很優秀。

弱點17

墨守成規：困在在過去的思維模式

你應提醒自己，絕對不要模仿。拜借他人的才能，你只能學到其皮毛而已。像莎士比亞的人物，絕對無法從研究莎士比亞的人當中產生。——愛默生

很多人常抱怨自己腦袋太笨，這是因為不動腦筋。恩格斯說，地球上最美的花朵是思維著的精神。只有善於思索的人，才能走入智慧的殿堂。但是思維就如同一個迷宮，有時會找不到出口，這時，換一個角度，你就會豁然開朗。

- 對於名人或成功人士的話深信不疑，經常用來指導自己的行為。
- 寧可相信經驗，也不親自實踐。
- 很少提出自己的見解，對別人的意見總是贊同多於反對。
- 習慣模仿，疏於創造。

• 思想過於保守，接受新事物的能力較弱。
• 思維方式單一化，無論是學習，還是為人處世，經常滿足於「一個正確答案」。

因循守舊的人把思維困在原地

有人常歎不已，歎人比人，氣死人；歎不逢伯樂，壯志難酬；歎機遇奇缺，命運多舛；歎困難似海，問題如山。有人憂愁不止，愁拚命幹，效能低；愁一窮二白，薪低職微；愁人脈貧弱，舉步維艱；愁搜心剖膽，無處突破。

古賢曰：窮則思，思則變，變則通，通則久。今人說：有思路才有出路；三分苦幹，七分巧幹；低頭拉車，還得抬頭看路。瞬息萬變的時代迫切要求我們：頭腦要變。固執、冥頑、呆滯、死板，是我們四處碰壁、受窮受累的病源。打破思維的柵欄，擁有靈活多變的頭腦，我們才能打開廣闊的新天地。

愛因斯坦應邀去某大學演講，學生都興奮異常，大家都想從這位偉人身上發現一些值得自己學習的東西。於是每個人都準備了筆記本，以便記下每一句教誨。然而，出乎大家意料，愛因斯坦並沒有帶演講稿，甚至連一支筆也沒帶。

演講開始了，愛因斯坦沒有像其他人那樣講述自己的成功經歷，而是給學生們出了一道題。他說：「有兩位工人，他們同時從煙囪裡爬出來，一位是乾淨的，一位是骯髒的。請問他們誰會去洗澡？」學生們紛紛回答：「當然是骯髒的工人會去洗澡。」愛因斯坦反問道：「是嗎？乾淨的工人看到骯髒的工人，他會認為自己身上一定也很髒；而骯髒的工人看到乾淨的工人，可能就會覺得自己也很乾淨。我再問問你們，哪個工人會去洗澡？」有學生馬上說：「乾淨的工人會去洗澡。」在場的所有同學一致點頭，都認同了這個答案。

愛因斯坦一笑：「你們又錯了，理由很簡單，兩個工人同時從煙囪裡爬出來，怎麼可能一個骯髒，而另一個卻是乾淨的呢？」愛因斯坦停頓了一下接著說：「其實人與人之間並沒有太大的差別，尤其是你們這些坐在同一間教室裡、受著相同教育、學習又都非常努力的年輕人，你們之間的知識差異更是微乎其微，有的人之所以能脫穎而出，是因為他們沒有因循守舊，想做個與眾不同的人，就必須跳出習慣的思維定式，拋開人為的布局，敢於懷疑一切。」

人類與動物的最大區別在於人類可以有意識地改變自己的行為，不按照常規行事。然而更多的人依然固守自己的動物本性，所以大多數人總是很平庸。有變通的頭腦，就能找到真正的出路。

不懂變通的人，往往因循守舊，他的思維被無意識地困在一個狹小的空間，毫無變通的餘地。其實，那個把自己思維困在原地的人，就是自己。掙脫自困的鎖鏈，拓展你的思維，你就張開了飛翔的翅膀，脫離困守的原地，飛向成功的天空。

經驗不是永遠都是對的

我們生活在一個經驗的世界裡。從小到大，我們看到的、聽到的、感受到的、親身經歷過的各式大小事件和現象，都成了我們人生的智慧和資本。常聽人說：「我吃的鹽比你吃的米多」、「我過的橋比你走的路多」。

在一般情況下，經驗是我們處理日常問題的好幫手。只要具有某一方面的經驗，那麼在應付這一方面的問題時就能得心應手。特別是一些技術和管理方面的工作，非要有豐富的經驗不可。老司機比新司機更能應付各種路況，老會計比新會計更能熟練處理複雜的帳目。所以，很多時候，經驗成了我們行動所依靠的拐杖。但經驗不是放諸四海皆準的真理，經驗也給我們帶來不少沉痛的教訓，因為經驗是相對穩定的東西，是屬於過去式的「歷史」，但現實又一直在不斷變化發展。所以，經驗並不一定能解決當前的問題。

二次世界大戰期間，納粹德國給世界人民帶來巨大的災難。但戰爭期間，德軍將領也給戰爭史留下許多創造性的戰例。

一九四二年二月十二日中午，英國海軍和空軍重兵佈防的英吉利海峽上空，一架英國戰鬥機例行巡邏。突然，飛行員發現有一隊德國艦隊大搖大擺從遠處開過來，他立即將此一發現向司令部報告。英國司令部的軍官大惑不解：德國艦隊在大白天從英吉利海峽通過？是不是飛行員搞錯了？英國人忙於思考和爭論，卻沒意識到時間正一分一秒地溜走。直到過了近一個小時，又一架英軍偵察機發現德艦已闖入海峽最窄也最危險的地段了，並且正全速前進。

英軍指揮官這才意識到敵情的嚴重性，等他們判定真相，調集部隊，下令進攻時，德國艦隊已遠離了最危險的地段，給其致命打擊的機會已經失去。整個下午，英軍雖不斷出動飛機、驅逐艦對德國艦隊進行攔截，但由於倉促上陣，遭到了嚴陣以待的德軍沉重打擊。就這樣，德國人在英國人的眼皮下，將停泊在法國布列斯特港內的艦隊順利移至挪威海面，也增強了那裡的戰力。

原來，這一切都是德軍為了完成這次戰略轉移而精心策劃的大膽行動。因為從法國到挪威有兩條路線可走，一條是向西繞過英倫諸島北上，這條航線路途遙遠，費時費力，如果遭遇兵力占絕對優勢的英國軍隊，後果將不堪設想；另一條航線則是直穿英吉利海峽，但此處有英國海、空軍的重兵佈防，同樣是危機重重。最後，德軍指揮官經過反覆權衡後，決定在英國根本沒有想到的情況下，出其不意闖過英吉利海峽，這大膽冒險的行動果然成功。

經驗告訴我們的只是過去成功或失敗的過程，而不是未來如何成功的方法。你千萬不要以為在人生裡，只能抱著那些曾經的經驗。

擺脫經驗定式，我們必須拓展思路，束縛越少越好。尤其在今天這個資訊爆炸，瞬息萬變的時代裡，過去的經驗，往往就是此刻失敗的最大原因。所以我們不要篤信「經驗之談」，要有初生之犢不畏虎的勇氣和精神，牛犢也能闖出一片新天地。

培養和運用創造性思維

二千多年前，古羅馬帝國派艦隊攻打古希臘的敘拉古城。當時這城裡的強壯男人都被派到前線作戰了，只留下少數的士兵，形勢萬分危急。當時，年已七十多歲的古希臘著名物理學家阿基米德也在島上。

面對敵人的威脅，阿基米德一時也找不到辦法，不斷在自家院子裡走來走去。這時，火紅的太陽高掛在天上，阿基米德抬起頭，太陽強烈的光線刺痛了他的眼睛。他看了一會兒，突然靈機一動，有了主意。

他發動全城婦女拿著擦亮的鏡子來到城樓上。烈日當空下，阿基米德下令將所有鏡子高高舉起，目標對準穿上的帆。這時，奇蹟出現了，上萬面鏡子，將太陽光反射到敵船的帆上，巨大的熱量立即引燃了船帆，火借風勢，整個敵船立即被大火包圍起來……就這樣，阿基米德帶著全城婦女解除了敵人的威脅。

人們把像阿基米德具有的這種開創性，用新思維、新方法解決問題的能力稱為創新能力。創新能力的培養應該從小開始。青少年時期是一個創造性思維和創造力發展的重要階段，應該敏銳地抓住自己創造性思維的萌芽，積極投入創造發明活動。那麼，怎樣才能培養創新能力呢？

1.培養創新能力應該從引發興趣、保持好奇心開始

興趣與好奇心是對新異事物進行探究的一種心理傾向，是推動人們主動積極地觀察世界、開展創造性思維的內部動力。當一個人對某種事物產生興趣、充滿好奇時，他總是積極地、主動地、心情愉快地去接觸和觀察研究。興趣又是發揮聰明才智的重要條件，興趣能使人入迷，入迷的程度越深，其聰明才智也就發揮得越充分。不斷增強好奇心，對創新能力的培養是非常有利的。

2.構建合理的知識結構

有人以為創新能力只是一種點子，是腦子裡的靈機一動，這種理解是片面的。真正的創新能力必須建立在掌握廣博而紮實的知識基礎上，只有那些愛學習、懂得學習的人，才會有真正的創新能力。

3.敢於動手，促進創造力發展

翻開科學家的歷史，追溯他們的成長道路，我們會發現，他們能在科學發明創造上獲得成功，與他們從小就願意動腦、動手有密切關係。瓦特從小喜歡各種機械，裝了拆，拆了裝，每天「動手」，後來終於發明了蒸汽機；萊特兄弟從小喜歡觀察老鷹怎樣飛行，自己動手製作風箏，後來終於發明了飛機。從生理機制上來看，心理學家、生理學家研究發現，從小重視動手能力的發展，可以促進大腦的發育和智慧的開發。

自我檢視

你是個有創造力的人嗎？

下面的測驗有助於你了解自己的創新能力。請你依據以下問題作出合理的自我評價，然後運用後面的得分指導檢測你的創新能力。

1.你是如何評價創新能力的？

A非常重要。
B很重要。
C一般重要。
D不重要。
E無所謂。

2.任何創新都是有風險的，你敢於冒創新的風險嗎？

A非常敢於冒險。

B比較敢於冒險。
C敢於冒險。
D不太敢於冒險。
E從不冒險。

3.「現實的世界是有限的，想像的世界是無限的。」你注意培養你的想像力嗎？

A非常注意。
B比較注意。
C一般注意。
D不太注意。
E從不注意。

4.獨立思考是培養創新能力的前提，你努力做到獨立思考了嗎？

A非常努力。

B比較努力。
C一般努力。
D不太努力。
E從不努力。

5.「凝神專注」對於創新思維至關重要，那麼你注意培養你的定力嗎？

A非常注意。
B比較注意。
C一般注意。
D不太注意。
E從不注意。

6.好奇心是創新的鑰匙，你經常培養好奇心，避免盲目判斷嗎？

A經常培養。

B比較多地培養。

C一般多地培養。

D不太培養。

E從不培養。

7.創新能力有時並不只是個人的事，而是整個團隊的事，那麼你經常參加一些團隊的創新活動嗎？

A經常參加。

B比較多地參加。

C一般多地參加。

D很少參加。

E從不參加。

評分標準

每道題選A為5分，選B為4分，選C為3分，選D為2分，選E為1分。將七道題的分數加總就是你的得分。

測試結果

28～35分，非常有創新能力。

21～27分，比較有創新能力。

14～20分，有一定的創新能力。

7～13分，沒有創新能力。

弱點18

沉溺幻想：想得永遠比做得多

在高空中建造的樓閣絕不會有堅實的基礎。——蓋斯科因

一張地圖，無論多麼詳實，比例多麼精確，它永遠不可能帶著主人周遊列國。只有行動才能使地圖變得有意義！沉浸於幻想中的人，從不會去主動付諸行動，他們就在自己的世界裡待著，想得永遠比做得多。

- 經常做白日夢，希望自己中獎成為百萬富翁，卻從來不買彩票；希望被星探發現，卻羞於在外人面前表現自己。
- 心血來潮，制訂一些不合實際的學習、生活計畫，但是不認真執行，難以實現的時候就重起另一份計畫，只是同樣不切合實際也不實踐。
- 做事分心，心思不在眼前的事情上。
- 將大量時間花在對未來的美好憧憬，卻不努力學習、工作。

• 有很多好的設想和方案，但是從來不付諸行動。

幻想從童年起就伴隨我們成長

電影中我們常可看到這樣的場景：主人翁淒涼無助地躺在一間破舊的房子裡，衣衫襤褸，雙眼緊閉，臉上卻流露出無限幸福的表情。他在幹嗎？觀眾對這一切早已見怪不怪：此君正在幻想！

果然，銀幕上緊接著就出現一幕幕似真似幻的場景：主角身披錦衣，口享玉食，神采飛揚，像個家財萬貫的富貴公子，又像個英俊年少的英雄俠客，瀟灑自如地漫步在花園般的叢林裡，身邊自然少不了他日思夜想的意中人——一位嬌媚可人的美女緊緊依偎著……

人們對虛幻總是持一種鄙夷、不屑的看法，但實際上每個人從童年直到老年，誰也無法擺脫幻想的糾纏。

只因為幻想是人類的天性，而且能帶來暫時的心理滿足。人在社會上生存，食衣住行都需要努力爭取，人要與天鬥、與地鬥，更要與人鬥，其壓力之大可以想見！

由此，失意、失落、挫折、失敗便開始困擾人類。欲望得不到滿足，便鬱結於胸，久而久之，就有可能導致一個人精神和心理上的病變。

怎麼辦？

人是地球上萬物的靈長，是充滿智慧的動物，他必須尋求一個發洩的管道，將種種因欲望得不到滿足而造成的失落和鬱悶發洩出去，於是，幻想便產生了。佛洛德將幻想命名為「白日夢」，他認為，白日夢就是人在現實生活中由於欲望得不到滿足，於是通過一系列的遐想，幻想在心理上實現欲望，從而為自己在虛無中尋求到某種心理上的平衡。

比如說，某個小孩在家庭裡缺少溫暖和疼愛，在遊戲中他就會扮演一個備受疼愛的孩子，盡情從他的長輩——另兩個扮演父母的孩子身上獲取感情上的補償。他因此會得到極大的快樂和幸福。這一切，他在現實生活中是無法得到的。

這正是遊戲的魅力。

遊戲給幻想提供了一個暫時獲得實現的場景，即便這種實現是不存在的。

我們知道，幻想是人類的天性。人性是複雜，可說是奧妙無窮。古往今來，有多少充滿智慧的人都為人性的不可捉摸而傷透腦筋。

人性的微妙在於它總是具有兩面性。換句話說，幻想有好的一面，也有糟糕的一面。生活中，人們總是輕而易舉走向糟糕的一面，而要走向好的一面卻難如登天。這是人類的惰性使然。因此，我們把空想也稱為人性的缺陷。

沉溺於幻想的人終將一事無成

從前考試之前，你也許想過，這次一定要取得好成績，然後媽媽就會給自己買最喜歡的球鞋，老師也會讓自己在班會上發言，同學們會紛紛對自己投來羡慕的眼光……於是你沉浸在這種幻想裡，忘了準備功課，導致考試成績並不理想。

如果你有過這樣的想法，千萬要提醒自己：不可沉溺於幻想。雖然適度的幻想可激發我們對美好前景的渴望，從而更加勤奮學習，可是如果太過沉迷於幻想，耽誤了實際行動，就會將大好時光白白浪費，最後終將一事無成。

現代社會，人與人間的競爭日益激烈，如果你還「沉溺於幻想中」，那麼就會明顯暴露出自己的不足，這一弱點最終會影響你的競爭力，阻礙你的前進。所以不要將你的想法停留在幻想的表面，浪費時間去空想，馬上付諸實踐，就能讓你的想法變成實現。

沒有行動，夢想只是泡影

有兩個小孩到海邊去玩，玩累了，兩人就躺在沙灘上睡著。

其中一個小孩做了一個夢，夢見對面島上住了個大富翁，在富翁的花園裡有一整片的茶花，在一株白茶花的根下埋著一桶黃金。醒來後，這小孩把夢告訴了另一個小孩，說完後，不禁歎息著：「真可惜，這只是個夢！」另一個小孩聽了相當動容，從此在心中埋下了逐夢的種子。他對那個做夢的小孩說：「你可以把這個夢賣給我嗎？」這個小孩買了夢後，就往那座島出發。

他歷經千辛萬苦到達島上，果然發現島上住著一位富翁，於是自告奮勇做了富翁的傭人。他發現，花園裡真的有許多茶花，茶花一年一年地開，他也一年一年地把種茶花的土一遍一遍地翻掘。就這樣，茶花越長越好，富翁也對他越來越好。終於有一天，他由白茶花的根底挖下去，真的掘出了一桶黃金！

買夢的人回到家鄉，成了最富有的人；賣夢的人雖仍不停做夢，但他從未圓過夢，最終還是個窮光蛋。

人因夢想而偉大，有了夢想才能成就人生的輝煌。而那些只會做夢卻不去實踐的人，就像那個賣夢的孩子一樣，無論多麼美麗的夢都不會給自己帶來什麼結果。

要想擺脫不切實際地幻想困擾，可以參考以下幾種做法：

第一，每次幻想後記得把它寫下來，寫得越詳細越好。然後嘗試去實現一個，經過努力後，發覺仍是幻想，那麼你幻想的心就會逐漸變淡。

第二，轉移注意力。如果不能控制幻想就慢慢來，別著急。每個人都會有這樣的時期，只要你知道那是幻想不是事實，就不會有太大影響。

第三，讓自己忙碌起來，要忙碌就一定要有目標，讓你心中健康的願望長成一棵樹。放大，再放大，然後全力朝著你的目標前進。

自我檢視

你的行動能力如何？

「行動」是治療「沉溺於幻想」這一弱點的良方，通過以下測試，你能夠對自己的行動能力有所了解。

有一個充滿神祕感的聚會在等著你，舞會上你可結交許多有魅力的朋友，想尋找朋友的你將如何應對？

A牢牢抓住這個機會，而且為舞會做好精心的準備，非常期待那一天的到來。

B你在朋友的慫恿下，鼓足勇氣參加這個舞會。

C因為不會跳舞，決定放棄這次機會，心想：這種舞會以後還會有很多，而且想要認識優秀的朋友也未必要在社交舞會，不去不會有遺憾。

D想參加這個舞會，但是對於準備工作卻漫不經心。

測試結果

選A

積極行動派。你是個充滿好奇心，精力充沛的人，事業對你來說很重要，而且似乎你也獲得了一定的成績。你很有決斷力，但或許缺乏恆心。對待感情你熱情、大膽，但往往不能持久，所以如何持之以恆是該想想的重點。

選B

尋求鼓勵派。你的猶豫可能是因為你覺得自己口才不夠好，或外貌不夠出眾，總缺乏自信是你的缺點。懂得尋求外部的激勵和肯定是提升自信的好方法。

選C

酸葡萄派。你是一個比較會自我安慰的人，雖然潛意識裡會有遺憾，但你會設法撫平這種情緒，這也許是優點。但面對適當機會，積極的態度和行動是不是比消極的自我安慰更有用呢！

選D

被動等待派。你是一個性格相對被動的人，想要吃到新鮮的葡萄，卻不肯自己去採摘，只希望有人能把收穫的果實親自送到你手中。機會並不等於美好的結果，過程是需要你努力去耕耘的。

弱點19

心胸狹隘：眼裡不能容下一粒沙

心胸豁達，足能涵萬物！心胸狹隘，不能容一沙！——安東尼奧．波爾基亞

世界上最寬廣的是胸懷，可以無所不容；在世界上最狹隘的也是胸懷，可以睚眥必報。有幸和胸懷寬廣的人生活或共事，是一生的快樂；不幸與心胸狹窄的人生活或共事，是不盡的煩惱。

- 對事物的認識很片面，看問題趨於絕對化和極端化。
- 固執己見，容不下有悖於自己觀點的人和事。稍不如意就生氣，導致情緒上的衝動和行為上的莽撞。
- 生活中有一點小小的失誤，就認為是莫大的挫折。
- 他們只願和不如自己的人交往。
- 對於個人的利益得失十分看重，而且最直接的表現就是有仇必報，報復心特別強烈，對

小事斤斤計較。

不顧自己發展，只想阻礙別人進步

一個人不顧自己的發展，只想著阻礙別人進步；一個人不顧自己的成功，卻只關注別人的失敗，這種狹隘心理是人性的一大缺陷。

狹隘心態的產生帶有濃厚的個性化色彩，受個人生理、心理素質的控制和影響，同時還受到個人文化教育程度、思想意識水準、道德修養高低及個人的人生經歷、生活經驗的制約。心胸狹隘的人常常不自量力，妄自尊大。由於他們對自己或別人在某方面存在著很高的期望，若這種期望得不到滿足，就對他人充滿抱怨、嫉恨。這種心態會限制個人的發展，在人生的道路上設置障礙。

A和B畢業後一起來到廣州闖天下。A很快就做成了一筆大生意，被提拔為部門經理；B業績很差，依舊是一個業務員，還是A的手下。

B心裡非常不平衡，就去寺廟裡找了一個和尚，希望能夠透過他求得神明的幫助。和尚說：你等三年再看看。三年的漫長等待終於過去了，原本想看著A翻船的B看到的卻是：A已升為總經理。這讓B非常沮喪。和尚說：你再等三年看看。又過了一個三年，B氣急敗壞去見和尚：說著A已經自己當老闆了，而且質問和尚到底有沒有在幫他啊？

和尚很平靜地說：我以為你會在這一個個三年裡追趕他，卻沒想到你把所有的時間和心思全浪費在其他地方。這六年內，A成了老闆，我也從普通的和尚成為方丈。我們都是為自己活著，監管自己的責任，但你在幹什麼？你痛苦地為A活著，監管著他的一切，不去做自己該做的事情，現在這結果是註定的。

一年後，B一路狂喜著來找和尚：和尚你不對，A公司破產了，他已經進了監獄。面對B的幸災樂禍，和尚無比悲憫地看著他：你丟掉的不止是地位、金錢和面子，你丟掉的是你自己啊。A即使破產了、坐牢了，他還是他自己啊！

三年後，A在服刑期間的徹底思索，寫出了一本轟動一時、影響很大的暢銷書。提前出獄後，A到處演講，紅得發紫。B看著電視上風光無限的A，心裡很不是滋味。經過一番沉澱後，他給和尚發了一封訊息：我終於相信命運，是A的命好，即使坐牢也能撈到一大桶金。

和尚回給B的訊息：阿彌陀佛，你還是沒找到自己。

現實生活中，把自己弄丟的人又何止B一個人呢？他們不好好工作，總把有限的生命浪費在別人的生活裡，浪費在思考別人的世界裡。過度關注別人學習的好壞、工作的優劣、穿著的考究，對別人的成功眼紅、嫉妒，對於別人的災難幸災樂禍、落井下石，卻忽略了對於自己最重要的事情。

思考別人多了，就沒有時間來思考自己，因而喪失許多的機會。人生的命運往往取決於你的努力程度，別人的失敗掩蓋不了你的不優秀。只有把自己做好了，才是最理直氣壯的事情，最值得驕傲的事情。

活在自我世界裡的人

心胸狹隘的人用一層厚厚的殼把自己包裹起來，生活在自己狹小冷漠的世界裡。他們處處以自我利益為核心，無關愛之情，無惻隱之心，不懂得寬容、謙讓、理解、體貼、關心別人。他們往往把自己的幸福建立在別人的痛苦之上，犧牲別人的利益來得到自己的利益，做些損人不利己的事。狹隘的人往往同時也是目光短淺的人，無法看到更長遠的事物。

貝爾太太是個有錢的貴婦，她在亞特蘭大城外修了一座花園。花園又大又美，吸引了許多遊客，他們毫無顧忌地跑到貝爾太太的花園裡遊玩。年輕人在綠草如茵的草坪上跳起了歡快的舞蹈；小孩子跑進花叢中捕捉蝴蝶；老人蹲在池塘邊垂釣；有人甚至在花園中搭起帳篷，打算在此過夜。貝爾太太站在窗前，看著這群快樂得忘我的人們，看著他們在屬於她的園子裡盡情地唱歌、跳舞、歡笑。她越看越生氣，就叫僕人在花園門外掛了一塊牌子，上面寫著：「私人花園，未經允許，請勿入內。」可是這一點也不管用，那些人還是成群結隊走進花園遊玩。貝爾太太只好讓她的僕人前去阻攔，結果發生爭執，有人竟拆走了花園的籬笆牆。

後來貝爾太太想出一個絕妙的主意，她讓僕人把園門外的那塊牌子取下，換上了塊新牌子，上面寫著：歡迎你們來此遊玩，為了安全起見，本園的主人提醒大家，花園草叢中有毒蛇。如果哪位不慎被蛇咬傷，請在半小時內採取緊急救治措施，否則性命難保。最後告訴大家，離此地最近的一家醫院在威爾鎮，驅車大約五十分鐘可達。

這真是個絕妙的主意，那些貪玩的遊客看了這塊牌子後，對這座美麗的花園望而卻步。幾年後，有人再往貝爾太太的花園去，卻發現那裡因為園子太大，走動的人太少而真的雜草叢生，毒蛇橫行，幾乎荒蕪了。孤獨、寂寞的貝爾太太守著她的大花園，開始懷念起那些曾在園子裡玩樂的遊客。

貝爾太太用一塊告示牌為自己築了一道特別的「籬笆牆」，隨時防範別人的靠近。結果是使莊園雜草叢生，使她遠離快樂。

狹隘的人就像契訶夫筆下，裝在套子中的人一樣，把自己包裹起來，因此很容易陷入孤獨與寂寞中。如果我們不再狹隘，能夠把自己的花園貢獻出來，與別人分享，那麼別人的花種也會飄落在我們的花園裡，別人的花香也會分給我們一部分，你就不會因為一片荒涼而滿心憂傷了。

遠離狹隘，豁達人生

生活中，心胸狹窄的人成就小事情也許是可能的，但要想做出一番宏圖偉業則微乎其微。所以只有打開心胸，你才能自由翱翔於人生的天空。

對於青少年朋友來講，克服狹隘、開闊心胸，既能增長見識開闊視野，也助於生活豐富多彩，不再單調。心理學專家建議，人要克服狹隘的心理弱點可採取以下方法：

- 放開心胸，著眼大局：把眼光放遠、心胸拓寬，事事從長遠考慮，處處以團體為重，接受對整體、全局有利的人與事。拋開「自我中心」，遇事不要斤斤計較，「心中無私」才能「天地寬」。
- 充實知識：人的氣量與人的知識修養有密切的關係。有句古詩說：「曾經滄海難為水，除卻巫山不是雲。」一個人知識多了，立足點就會提高，視野也會相應開闊，此時，就會對一些「身外之物」拎得起、放得下、丟得開，就會「大肚能容，容天下能容之物」。當然，滿腹經綸、氣量狹隘的人也是有，但這並不意味著知識有害於修養，而只能說明我們應當言行一致。培根說：「讀書使人明智。」經常讀一些心理健康方面的書籍，對於開闊自己的胸懷，收益自是不在話下。
- 開闊視野：狹隘的人，不僅生活在一個狹窄的圈子裡，而且他知識面也非常狹窄。因此，開闊視野很重要。這能使我們在親身經歷中頓悟很多人生道理。感受到生活的美好，陶冶性情，從而在健康正向的氛圍中增強精神寄託，消除心理壓力。

- 豐富文化生活：參與多種多樣的文化娛樂，拓展興趣範圍，在豐富多彩的活動中，感受生活美好，增加審美感，陶冶性情，淨化心靈。
- 加強交往，擺正自我位置：多參加團體活動，如郊遊、讀書會等，增加人與人之間的交流，擴大交際面，加深與外界的了解溝通，更透徹了解別人與自己。另外，對不同的人有不同的認識，從而積累經驗，從中明白對與錯的道理。

自我檢視

你是一個心胸狹隘的人嗎？

1. 你是否時常因某些人或某些事而心情不快？
2. 你是否對自己所受的委屈一直耿耿於懷？
3. 假如地鐵裡有人盯著你，或你袖子上沾了湯汁而洗不掉，你是否因此而長時間感到懊惱？
4. 你是否經常不願跟人說話？
5. 你在做重要的事時，別人的談話或噪音是否會讓你分心？
6. 你是否會長時間地分析自己的心理感受和行為？
7. 你做決定時是否經常會受當時情緒的影響？
8. 你夜晚是否會被蚊蟲折騰得心煩意亂？
9. 你是否有過自卑心理？
10. 你是否時常情緒低落？
11. 在與人爭論時，你是否情緒失控，導致說話嗓門太大或太小？

12. 你是否容易產生怒氣？

13. 是不是連可口的飯菜或搞笑的影片都無法使你低落的情緒好起來？

14. 假如與你談話的那個人怎麼也弄不明白你的意思，你會不會發火？

評分標準

對以上問題作出判斷，如果你回答「是」，得〇分；回答「不知道或都有可能」，得1分；回答「不是」，得2分。最後總計你的得分，對照分數分析問題。

測試結果

23～28分

你一定是個心胸開闊的人。你的心理狀態相當穩定，能夠駕馭生活中的各種情況。你給人的印象很可能是獨立、堅強，甚至還有點「臉皮厚」。

17～22分

你心胸不夠開闊。你可能比較容易發火，對讓你受委屈的人說一些不該說的話，這會導致學校和家庭出現矛盾。之後你可能又會後悔，因為你人不壞，心腸也不硬。你要學會控制自己，事先盡量多想想，考慮清楚，然後再給讓你委屈的人堅決的回擊。

0~16分

你心胸狹窄、多疑、愛計較、睚眥必報，對別人態度的反應是病態的。這是嚴重的缺點，對你的生活很不利。

弱點20

不自知：不是放大就是縮小自己

聰明的人只要能認識自己，便什麼也不會失去。——尼采

在自我認知的問題上，人們常產生幻覺，彷彿站在哈哈鏡前，不是「放大」自己，就是「縮小」自己。在古希臘的神廟上刻著一句蘇格拉底的警世箴言：人啊，認識你自己。的確如此，衡量一個人心理健康的標準之一便是準確的自我認識。

- 對自己缺乏正確認識，過於自負或自卑。
- 對於自身的一些客觀狀況，如身高、體重、長相等不能坦然面對。
- 過分注重別人對自己的評價，經常依照別人的標準做事。
- 制定一些不切實際的目標和計畫。
- 在他人面前吹噓自己的能力，常常接受高於自己能力的任務。

充分認識自己，看清自己

紀伯倫在作品裡講了一隻狐狸覓食的故事：狐狸欣賞自己在晨曦中的身影說：「今天我要用一隻駱駝做午餐！」整個上午，牠四處奔波，尋找駱駝。當正午的太陽照在頭頂時，牠再次看著自己的身影說：「一隻老鼠也就夠了。」狐狸之所以會犯了兩次截然不同的錯誤，與牠選擇「晨曦」和「正午的陽光」作為鏡子有關。晨曦不負責任地拉長了牠的身影，使牠錯誤認為自己是萬獸之王，並且無所不能，而正午的陽光又讓牠對著縮小的身影妄自菲薄。

人有時就像隻狐狸，不了解自己。自以為了解自己是大多數人容易犯的毛病，真正了解自己是少數人的明智。人生如秤：對自己的評價秤輕了容易自卑；秤重了又容易自大；只有秤準了，才能實事求是、瞭解自我。

如何做到自知呢？古希臘哲學家蘇格拉底說：「沒有經過反省的生命，是不值得活下去的。」有迷才有悟，過去的「迷」，正好是今日「悟」的契機。因此經常反省，檢視自己，可以避免偏離正道。

日本近代有兩位一流的劍客，一位是宮本武臧，另一位是柳生又壽郎。宮本是柳生的師父。當年，柳生拜師學藝時，問宮本：「師父，根據我的資質，要練多久才能成為一流的劍客呢？」宮本答道：「最少也要十年吧！」柳生回答：「十年太久了，假如我加倍努力苦練，多久可以成為一流的劍客呢？」宮本答道：「那就要二十年了。」柳生一臉狐疑，又問：「如果我晚上不睡覺，日以繼夜苦練，多久可成為一流的劍客呢？」宮本答道：「你晚上不睡覺只練劍，必死無疑，根本不可能成為一流的劍客。」柳生不以為然地說：「師父，這太矛盾了，為什麼我越努力練劍，成為一流劍客的時間卻需要越長呢？」宮本答道：「要當一流劍客的先決條件，就是必須永遠保留一隻眼睛注視自己，不斷反省。現在你兩隻眼睛都看著一流劍客的名號，哪裡還有眼睛注視自己呢？」柳生聽了，當場開悟。

不能好好認識自己的人，千萬別忘了上帝為我們準備的另一面鏡子，就是「反躬自省」四個字，它可以照見落在心靈上的塵埃，提醒我們「時時勤擦拭」，使我們認識真實的自己。

做能力可及的事

有些人認為自己凡事都有把握，常言道「沒有金剛鑽就別攬瓷器活。」意指我們要去做能力範圍可及的事。

漫畫家蔡志忠十五歲那年，帶著畫漫畫稿賺來的二百五十元稿費，到臺北畫漫畫、闖天涯。他很快就面臨著沒大學文憑的問題，在他打算到光啟社求職時，看到招聘廣告上寫著「大學相關科系畢業」一項條件，立即傻眼。不過他仍相信憑自己的實力，沒理由會因學歷限制而無法參加應試。結果他擊敗了另外二十九名應聘的大學畢業生，進入了光啟社。

蔡志忠後來在漫畫界表現傑出，尤其是他的「莊子說」、「老子說」系列更譯成多國文字在國外出版。連初中都沒念完的情況下，是什麼使他有勇氣踏入這個文憑至上的社會呢？他說：「做人最重要的就是了解自己，我喜歡畫畫，我相信我能在這條路上走出自己的一片天。」造物主給每個人的天賦都是差不多的，只不過有的人具有藝術天份，有的人是商業領袖，有的人可成為政治家，只要你找到屬於自己的天份。

做人不狂妄自大，也不妄自菲薄

閱讀前，請大家思考一個問題：一個人是因為愚蠢，所以沒有自知之明，還是由於他沒有自知之明，而變得越來越愚蠢呢？

有個老師，常教導他的學生說：「人貴有自知之明，做人就要做一個自知的人。唯有自知，方能知人。」

有個學生在課堂上問道：「請問老師，您是否知道您自己呢？」

「是呀，我是否知道我自己呢？」老師想，「我回去後一定要好好觀察、思考、了解一下我自己的個性、我自己的心靈」。

回家後，老師拿了面鏡子，仔細觀察自己的容貌、表情，然後分析自己的個性。首先，他看到了自己的禿頂。「嗯，不錯，莎士比亞就有個亮閃閃的禿頂。」他想。

他看到了自己的鷹鉤鼻。「嗯，英國大偵探福爾摩斯——世界級的聰明大師就有個漂亮的鷹鉤鼻。」他想。

他看到自己的大長臉。「嗨！偉大的林肯總統也有一張大長臉。」他想。

他發現自己個子矮小。「哈哈！拿破崙個子矮小，我也同樣矮小。」他想。

他發現自己有一雙大腳。「卓別林就有一雙大腳！」他想。

於是，他終於有了「自知」之明。

「古今中外名人、偉人、聰明人的特點集於我一身，我將前途無量。」

第二天，他對學生說。如此「自知」，還不如「無知」為妙。

「人貴自知」這四個字是金玉良言。這話不是叫你自大，而是要你清醒。沒有自知之明的人，也許永遠都不知道自己是沒有自知之明的。

還有一種人，認為自己什麼都不好，看誰都比自己好，覺得自己沒有任何優點，自卑自哀，自慚形穢，看不到自己潛在的能力，缺乏堅定的信念與必勝的信心，結果喪失了機遇，與輝煌失之交臂，這也是缺乏自知的另一種表現。

「自知」是做人的基石。只有切實做到「自知」，才能把握自己，把握人生。既不好高騖遠，目空一切，又不自卑自哀，喪失自我。

你如果想認識自己，不妨運用以下三種方法：

- 自我反省：自省是自我動機與行為的審視與反思，用來克服自身缺陷，達到心理上的健康完善。
- 從他人眼中看自己：了解經常與你相處的人對你的評價，是了解自己的重要途徑。不過，他人對你的看法，是供自己作參考。你必須對這些看法作出分辨，不要讓一些錯誤的評價影響自己的信心。
- 以局外人的身分觀察自己：在特定的情境中，與自己保留某種程度的距離，用一種局外人的方式打量自己，能使你更清楚了解那個潛在的自我。

自我檢視

你了解自己的個性嗎？

不同的人有不同的個性，有的人活潑開朗、心胸開闊，有的人沉默寡言，鬱鬱寡歡。你了解自己的個性嗎？請做下面的測試。

如果你有一處自己的別墅，而且你可按照自己的意願去設計，你會給它設計一個什麼樣的柵欄呢？

A房子周圍用木柵欄圍起。

B房子周圍被磚包圍。

C房子周圍有鐵柵欄包圍。

D房子周圍種許多花草樹木。

測試結果

選擇A

你好惡分明。對你喜歡的人，你會熱情相待，融洽相處；對你不喜歡的人，則冷若冰霜，愛理不理。因此，對你不了解的人，常會對你產生誤會。

選擇B

你常常孤高自詡。因為不服輸的個性，常常會將主導權掌握在自己手裡。這種類型的你，很重視自己的私生活。

選擇C

你活潑開朗，與任何人都能輕鬆交往，擁有很多同性與異性朋友，屬於社交家類型。你雖然心胸開闊，能接納各種類型的人，但如果一味當老好人，恐怕難免招來不必要的誤會。

選擇D

你對異性不是很尊重，甚至態度生硬。另外，你的個性比較消極，沉默寡言，交際面較窄，但非常重視自己的家人和朋友，是個保守型的人。

弱點21

嫉妒：難以治癒的「紅眼症」

嫉妒會使人得到短暫的快感，也會使不幸更辛酸，因而，每個人都應控制住自己的嫉妒心理，合理轉移嫉妒情緒，才能與別人一起分享喜悅，使自己超脫不幸和災難。——培根

嫉妒是對別人的優勢以心懷不滿為特徵的一種不悅、怨恨、惱怒，甚至帶有破壞性的缺陷性心理。

- 自尊心強烈，自認為「老子天下第一」，容不得他人有超前的現實。
- 對才能、相貌、名譽或境遇超過自己的人，心懷怨恨、極力詆毀或中傷別人。
- 在某些方面優於他人，為保證優勢，產生恐懼和排他性。
- 明知自己不具備成功的要素，也不願別人成功，千方百計阻止、甚至破壞別人成功。
- 當與自己實力相當、特別是實力超過自己的同伴做錯事，表現出幸災樂禍的情緒。

• 在別人成功時，常用「酸葡萄心理」來維持自己的心理平衡。

寧可自己吃虧，也要把別人拖下水

為人處世，最忌「螃蟹心理」。什麼是「螃蟹心理」呢？漁民們抓螃蟹，先把筐子的一面打開，開口對著螃蟹，讓牠們爬進來，當筐子裝滿螃蟹後，再將開口關上。筐子有底，但沒有蓋子，本來螃蟹可以很容易從筐子裡爬出來，但是每隻螃蟹都不願同類跑在自己前面，所以當一隻螃蟹開始往上爬時，另一隻螃蟹就會把牠擠下來，所以沒有一隻螃蟹可爬出筐子口。

人的嫉妒心，就像那些螃蟹一樣，寧可自己吃虧，也要把別人拖下水，損人不利己。

希望別人不能超越自己，你就要不斷自我超越。別人的優秀並不妨礙自己的前進，相反地可能給你帶來前所未有的動力。

尋找自身優點，不迷失在別人的成就裡

嫉妒是羡慕的極端表現。一個理解羡慕真正含義的人，只會迎頭趕上，而不會因為嫉妒自毀前程。

雨傘和雨衣是對好朋友，每到雨天，都很忙碌，可是，自從主人買回自行車後，雨天就只披雨衣，把雨傘放在一旁。每次出門，雨傘都很羨慕雨衣，看著它在主人身上一飄一飄的，就不見了。不過，它倒也樂觀，總用一些寬心的話安慰自己：雨天挺冷，在家休息挺好。

但多嘴的風扇老會問：「雨傘，又閒著呢！怕是要長黴了，還沒機會出去活動活動啊！」聽風扇這麼一說，雨傘心裡有些不快，特別是雨衣外出而歸時，這感受特別強烈，像根針扎在心上。

一天，雨衣剛工作完，正躺在一邊睡覺，雨傘覺得這是個好機會，來到雨衣旁，用傘頭把雨衣紮了個洞。後來主人發現雨衣有個破洞，用舊衣縫補後，雨衣比以前更漂亮，主人又歡喜的披上它，這下子，雨傘氣得大哭起來。

晚上，雨衣和雨傘聊天，雨衣真誠地對雨傘說，「雨傘，你看你多好，皮膚越來越白，越看越年輕，而我恐怕快不行了。這些日子，風裡來雨裡去的，沒多少日子了！」雨傘羞愧地低下頭，一五一十把心裡的委屈道出。

雨衣告訴它，「春天來了，你會明白，那是屬於你的季節，人們需要你，而不需要我。你可以走在明媚的陽光下，為人們擋去惱人的陽光。」雨衣和雨傘又恢復先前的友好關係。

學會讚美別人，把別人的成就看成是對社會的貢獻，而不是對自己權利的剝奪或地位的威脅，將別人的成功當成一道美麗的風景來欣賞，你在各方面都將會達到一個更高的境界。

每個人來到世上，上帝早已安排好屬於你的位置，只要找對那個位置，找到那片屬於自己的天空，都能生根發芽，破土而生。

巧妙化解嫉妒心理

「喜怒哀樂悲思恐」七情中找不到「嫉妒」這個詞，然而一提嫉妒，無需解釋，每個人都能理解。特別是在愛情領域，我們喜歡用「吃醋」一詞，酸酸的醋味生動形象說明了嫉妒時的心理感受。

客觀地說，每個人都有嫉妒心理，只是輕重程度不同。但無論如何，嫉妒是一種不健康的情緒狀態，在嫉妒心理的影響下，人的身心健康會受到損害。現代醫學研究證明，有嫉妒心理的人，往往處於焦慮不安、怨恨煩惱中。這種消極不愉快的情緒，會使人的神經機能嚴重失調，進而影響到心血管的機能，導致心律不齊、高血壓、冠心病、胃及十二指腸潰瘍、神經官能症等心身疾病的發生。

正如德國諺語所說：「嫉妒是為自己準備的屠刀。」既然如此，我們就要化解嫉妒心理，去除這顆毒瘤。從心理學角度來說，一個人的嫉妒心理並不是天生就有，而是後天形成的。所以，應通過自身的道德修養、自我控制、自我調節來修正。

1.自我認知，客觀評價自己和他人

要正確認識自我，評價別人。「金無足赤，人無完人」。一個人限於主客觀條件，不可能萬事皆通，樣樣比別人好。要接納自己，認識自己的優點與長處，也要正確評價、理解和欣賞別人。只有正確認識了自己，才能正確認識別人，嫉妒的鋒芒就會在正確的認識中鈍化。

2.學會正確的比較方法

一般說來，嫉妒心理較多產生於原來水準相同而且彼此有許多聯繫的人之間。尤其看到那些自認為原先不如自己的人都冒了尖，於是嫉妒心油然而生。因此要善於發現和學習對方的長處，糾正和克服自己的短處，而不是以自己之長比別人之短，嫉妒心就不會產生了。

3.昇華嫉妒，化嫉妒為動力

每個人都要在具有競爭力的環境中客觀對待自己。不要去嫉妒別人，要將這種嫉妒心昇華為一種前進的動力。

4.站在對方的立場上考慮問題

人人都希望得到他人的精神支持，所以當你對一個人產生嫉妒時，不妨站在對方的立場上誠懇地讚揚他。因為信任和友誼會使你感到充實，你也可以感受到「心底無私天地寬」的意思。

總之，如同鋼鐵被鐵銹腐蝕一樣，人很容易被嫉妒折磨得遍體鱗傷，我們要時刻提防它對我們心靈的腐蝕，遠離它，從而獲得內心的自由與超脫。

自我檢視

你是個嫉妒心強的人嗎？

下面這個測試可以測出你是否有嫉妒心理？

你正和朋友一起走在森林裡，遇見了巫婆，被她的魔法變成了動物的樣子。你被變成了狐狸，那麼朋友會被變成什麼動物呢？

A松鼠。

B兔子。

C熊。

D鹿。

測試結果

選A

你會在自覺中嫉妒別人。人如果可以去探索別人和自己的優點，嫉妒的強度應該也會自然地減弱。如果有自覺的嫉妒，其實是不要緊的。

選B

你會在不知不覺中嫉妒朋友，例如：怎麼他成績好像都比我好之類的，不過一般說來，任何人都擁有某種程度的嫉妒心。

選C

你是個粗神經的人，雖然這麼形容不好聽，但是不會嫉妒其實很好，這是因為對自己有自信，不會去嫉妒別人。

選D

選比自己還大的動物的人是寬容的，在四種動物裡，選比狐狸大的鹿，與其說你會嫉妒對方，不如說你會和朋友一起共享喜悅。

弱點22

盲從：沒有主見的「跟屁蟲」

沒有一定的目標，智慧就會喪失。——蒙田

盲從的人誤以為：「看我多機靈，不落後於他人，別人這麼做，我也這麼做。」殊不知他盲目附和眾議，從而喪失獨立思考的習性；無原則去屈從他人，從而被剝奪自主行動的能力。

- 無獨立自主意識，沒有自己的目標，凡事不願多動腦，別人怎樣，我也怎樣。
- 總是輕易贊同別人的觀點，即使認為自己的觀點是對的，但出於「安全考慮」，不被他人攻擊，於是放棄自己的意見。
- 對待學習和生活中的各種問題，只知其然，而不知其所以然，也不願去探究原因。
- 依照同伴的價值觀生活，自己沒有做人的原則和處世的標準。

盲目行事，像浮萍一樣左右搖擺

有一位中國留學生看完了Google中國區總裁李開複《寫給中國大學生的第三封信》後，感觸很深。他給李開複寫了一封信：很小的時候，我的目標就是長大，長大了做什麼，我當時沒想過；讀小學時，父母給我的目標就是考初中，考上初中做什麼，我沒想過；讀初中時，父母給我的目標就是考高中，考高中做什麼，我沒想過；讀高中時，父母給我的目標就是考大學，考大學做什麼，我沒想過；上大學時，父母給我的目標就是要出國，出國做什麼，我也沒有想過；現在留學拿到學位，要找工作了，下一步我該做些什麼呢？這次，我要好好想一想。謝謝你的「第三封信」，它喚醒我埋藏了二十五年的進取心，它改變了我二十五年來被動的生活方式。從今天開始，我要積極主動為自己而生活！

中國人總把「聽話」當做一個孩子的優點。大多數父母都認為「聽話的才是好孩子」，習慣把自己的意見灌輸到孩子的大腦裡，中國的孩子也習慣聽從父母、老師的安排。但是聽話的孩子可能只是盲目聽從，卻不見得懂道理。而父母，並非我們想像的那麼強大，他們的意見並非都是正確無誤的。

許多人對於已經或正在做一些沒有理由的事情，他們不知道自己為什麼要這樣做，也不知道明天該怎樣做。結果，這種聽從別人意見的從眾心理使一個人失去主見，就像浮萍那樣不停左右搖擺。

成功離不開明確的目標

美國哈佛大學對一批大學畢業生進行了一次關於人生目標的調查，結果如下：二七％的人，沒有目標；六〇％的人，目標模糊；一〇％的人，有清晰而短期目標；三％的人，有清晰而長遠的目標。

二十五年後，哈佛大學再次對這批學生進行了追蹤調查，結果：那三％的人，二十五年間始終朝著一個目標不斷努力，幾乎成為社會各界成功人士、行業領袖和社會精英；一〇％的人，他們的短期目標不斷實現，成為各個領域中的專業人士，大都生活在社會中上層；六〇％的人，他們過著安穩的生活，也有著穩定的工作，卻沒有什麼特別的成績，幾乎都生活在社會的中下層；剩下二七％的人，生活沒有目標，並且還在抱怨他人，抱怨社會不給他們機會。

要成功就要設定目標，沒有目標是不會成功的。目標就是方向，就是成功的彼岸。美國企管大師博恩・崔西說：「成功就是目標的達成，其他都是這句話的註解。」

當其他人剛走出校門的同齡人，捧著精心製作的簡歷四處求職時，李想早已成為身價上億的CEO，並以老闆的身分精心挑選前來求職的同齡人。

李想認為，如果一個人在年輕時還不清楚自己的性格到底是什麼，那是十分可怕。一個連自己都不了解的人，不可能有什麼作為。正因為沒有目標、隨波逐流的人太多，所以那些目標明確並堅持下來的人才顯現出來。在談到自己成功祕訣時，李想說：「我可能只是比我的同齡人更早找到一個可以讓自己全力以赴的目標，一件自己真正想做的事。」

李想在小學時就有了做企業家的理想，上初中時喜歡玩電腦，高中時建立了自己的個人網站。隨著網站點閱率不斷提高，開始有互聯網公司來投放廣告，這讓他在不經意間挖到了自己的第一桶金，他的人生目標在這時也更加明確，於是他選擇了和比爾•蓋茲類似的道路：放棄考大學，用第一桶金中十萬元成立泡泡網公司。二〇〇五年，泡泡網營收近二千萬，利潤一千萬，二十倍的市盈率，市場價值二億。創始人李想一股獨大，身價在一億以上。這一年，李想只有二十四歲，創業已有六年。

李想的成功看似偶然，其實是必然的，因為他在人生目標的選擇與規劃上超出其他人。

頂尖成功人士不是成功了才設定目標，而是設定了目標才成功。成功總會屬於那些有人生目標的人，所以，你需要問問自己，你是否已經有了明確的目標。

訂定你的目標

在日常生活中，你會發現，許多人似乎是不分白天黑夜埋頭苦幹。但當你問他們這樣是為了什麼時，他們大多會以搖頭作答，甚至無言以對。他們沒有目的與目標，所以，他們一無所知、一無所獲。

那麼，在你的一生中，有過明確的目標嗎？你怎麼去選擇你的人生目標？你必須堅持以下兩個原則。

1.堅持長期的目標原則

沒有長期的目標，你就可能會被短期的種種挫折所擊倒。理由再簡單不過，沒人能比你自己更關心你的成功。或許，你會發現，在你的日常生活，有人試圖為你的進步與成功設置種種障礙。但實際上，阻礙你進步與成功的最大敵人不是別人，正是你自己。別人或許可以使你暫時停止進步，而你自己卻是唯一能永遠堅持下去的人。

偉大與接近偉大之間的微小差異就是在於是否領悟到：如果你期望偉大，你就必須每天朝著你的長期目標踏實執行。

2.堅持特定的目標原則

我們曾學過一個著名的物理實驗：在炎熱的太陽下，你拿著一個聚焦鏡和一根火柴。如果你通過聚焦鏡使太陽光集中在火柴上，不一會兒，火柴就會燃燒起來。但如果你把聚焦鏡移來移去的話，太陽光就無法集中在火柴頭上，火柴就不會自動燃燒。道理很簡單，熱量無法集中，就無法使火柴自燃。堅持目標也一樣，如果你的目標過於分散，那你的精力也無法集中在目標本身，也就無從談起目標實現。

自我檢視

你的盲從指數？

你懷疑自己有從眾心理嗎？仔細回憶一下，近兩個月以來，是否經常出現下列情況？

1. 對大眾資訊特別敏感，非常相信。
2. 經常跟著大家盲目行動。
3. 看著別人做什麼，自己也想做。
4. 看別人穿什麼，自己也想穿。
5. 看別人喜歡看的電視劇，自己也想看。
6. 別人說什麼好，自己也覺得好。
7. 發表意見時，總與大家的意見一致。
8. 在團體中，不敢提出自己的想法。

測試結果

上述八個問題，建議你在自然的狀態下，誠實回答。根據回答的結果，可以自測從眾心理指數。

如果有兩個以上回答「是」的話，說明你有了從眾心理，應該引起高度重視。要及時克服，加強學習，提高自身修養，使自己變得有主見。

弱點23

貪婪：永遠都無法滿足

最好的黃金也經不起人手的磨損，儘管他是名譽良好的端正人士，一旦墮落了，也照樣會不知羞恥。——莎士比亞

從字形上講，「貪」字近乎「貧」，「婪」字近乎「焚」。換言之，貪者必貧，婪者必焚。貪婪會讓人走向毀滅的人生之路。貪婪的人，欲望無窮無盡，永遠無法滿足。

- 經常與朋友比較彼此間的物質條件，如服飾、家庭環境等。
- 名利心很重，未步入社會就表現出很強的「勢利」心理。
- 在生活中只想索取，不想承擔相應的責任。
- 遇事只從自己的角度考慮，而且總希望能完全實現自己的願望。
- 凡事不懂得適可而止、見好就收，經常在更進一步的攫取中迷失自我。

欲望是個無底洞

著名網路作家慕容雪村的作品《伊甸櫻桃》一經發表，便引起廣大讀者的關注。小說講述了一個青年人因偶然的機遇結識一位神祕人，得到一支名貴水筆，此後便不知不覺地墮入了「物質的陷阱」。在神祕人的教唆下，青年人生活在奢侈品中，整日錦衣玉食、香車美女，靈魂遭到腐蝕，其良知也在物慾的誘惑下徹底消失……小說用真實的資料劍指「貪婪」，深刻揭示「貪婪是人性的惡習」。

據說上帝在創造蜈蚣時，並沒有為牠造腳，但是牠仍然爬得像蛇一樣快。有一天，牠看到羚羊、梅花鹿和其他有腳的動物都跑得比自己快，心裡很不高興，便嫉妒地說：「哼！腳多，當然跑得快。」於是牠向上帝禱告說：「上帝啊，我希望擁有比其他動物更多的腳。」

上帝答應了蜈蚣的請求，他把好多好多的腳放在蜈蚣面前，任憑牠自由取用。蜈蚣迫不及待地拿起這些腳，一隻隻地往身上黏，從頭一直黏到尾，直到再也沒有地方可黏。牠心滿意足地看著這麼多的腳，心中暗暗竊喜：「現在我可以像箭一樣飛出去了！」但是等牠開始要跑時，才發覺自己完全無法控制這些腳。這些腳各走各的，非得全神貫注，才能順利往前走，這樣一來反而比以前走得慢多了。

生活中又有多少人像蜈蚣那樣貪婪？人不能沒有欲望，不然就會失去前進的動力，但人卻不能貪婪，因為貪欲是個無底洞，你永遠也填不滿。

在人類歷史發展的過程中，貪婪完全可以說是人類最大的敵人。

想要的越多，反而失去的越多

人常常將欲望和貪婪混為一談，兩者之間實際上有著本質的區別。美國著名心理學家馬斯洛將人類的需求分為幾個層次，只有在低層次的需求得到滿足後，才會產生新的欲望，而最高層次的自我實現是無止境的。這就是說，人的正常欲望應該隨能力的提高而產生。如一個有能力的人想買一輛車是正當的欲望，還能促進汽車業的發展和經濟的繁榮。但一個食不果腹的人想馬上要一輛汽車，就屬於貪婪。不切實際地想做自己根本做不到的事，會使欲望變為貪婪。

有一句名言說得好：「即使你擁有整個世界，一天也只能吃三餐。」貪婪並不可能讓我們真正得到更多的東西，相反，貪欲越多，失去的也越多。

明代有位名叫劉之卿的人，在他寫的《賢奕篇》裡面有個「王婆釀酒」的寓言。

王婆以釀酒為生，有個道士常到她家借宿，一共喝了幾百壺酒從沒給過錢，王婆也不和他計較。這天，道士對王婆說：「我喝了你那麼多酒，也沒錢給你，就給你挖一口井吧！」井挖好後，裡面湧出來的全是好酒。

王婆一下子發了大財，道士在雲遊四方後又回到王婆家，問她酒好不好喝。王婆回答道：「酒倒是好，但就是沒有用來餵豬的酒糟。」道士聽了，哈哈大笑，順手在牆上寫了一首打油詩：「天高不算高，人心第一高。井水做酒賣，還道無酒糟。」寫完便揚長而去，以後那口井裡再也不出酒了。

井裡出酒，這已經滿足了王婆賣酒的需求，但她仍希望擁有更多，於是欲望變成了貪婪。

貪婪如火山，如不控制就會傷人害己

西方一位哲人曾說過：「人的欲望是座火山，如不控制就會傷人害己。」貪欲是人成功路上的障礙，因為它會自動成長、膨脹，最後就會炸傷自己。

有個年輕人常自言自語地說：「我真想發財，如果我發了財，絕不做吝嗇鬼。」一天，這年輕人遇見了一個魔鬼。魔鬼說：「好吧，我就讓你發財，我會給你一個有魔力的錢袋。這錢袋裡永遠會剩一枚金幣，是拿不完的。但你要注意，在你覺得夠了時，就要把錢袋扔掉，你才可以開始花錢。」魔鬼說完就不見了。

此時，年輕人發現自己身邊真的有一個錢袋，裡面裝著一枚金幣。當年輕人把那枚金幣拿出來後，裡面就又會有另一枚出現，年輕人整整拿了一個晚上的金幣。他心想，這些錢已夠我花用一輩子了。到了第二天，年輕人餓極了，很想去買麵包吃。但在他花錢以前，必須先扔掉那錢袋。於是年輕人拎著錢袋走向河邊，可是到了河邊又捨不得扔，轉身走回來後，年輕人又開始不停的從錢袋裡拿出金幣。每當他想把錢袋扔掉時，總覺得錢還是不夠多。

日子一天天過去，他總對自己說：「還是等錢再多一些吧！」年輕人就這樣不吃不喝地不停拿金幣，同時他也變得越來越瘦弱，最後年輕人終於餓死在那堆金幣旁。

有時，人的私心、貪婪常常使人跌倒，重重地跌在自己「惡念」的禍害裡。該如何懂得控制自己的物欲，勿讓貪婪的種子發芽。在這裡，我們給出幾點建議，希望對大家有幫助。

1.二十問法

這是一種自我反思法，自己在紙上連續寫出二十個「我喜歡……」，寫的時候不假思索，限時二十秒鐘。待全部寫下後，再逐一分析哪些是合理的願望，哪些是超出能力的過分的欲望，如有人在紙上連續寫下「我喜歡錢」、「我喜歡很多錢」、「我喜歡自己是有錢人」、「我喜歡有許多財富」、「我喜歡過有錢人的生活」……寫完後，就要思考一下，自己對錢是否有些過分的欲望，為什麼許多舉動都與錢有關。然後分析自己是否有比較、補償、僥倖的心理，是不是缺乏正確的價值觀。

2.培養正確的判斷力

一個有正確判斷力的人，懂得什麼是美、什麼是醜；什麼是善，什麼是惡。相對地，他也懂得貪婪追求美與善，而盡可能摒棄醜與惡。

3. 知足常樂。

一個人對生活的期望不能過高。雖然誰都會有需求與欲望，但這要與本人能力及社會條件相符。每個人的生活都有歡樂，也有缺失，不能比較。心理調適的最好辦法就是做到知足常樂，「知足」便不會有非分之想，「常樂」也就能保持心理平衡。

4. 格言自警。

利用格言警句提醒自己、約束自己，不要過於貪婪。

自我檢視

你的貪婪程度高低？

若你參加一場宴會，當服務生端著果汁給你，而託盤裡的杯子有著不同份量的果汁時，你會選擇哪一杯？

A空杯，但服務員正準備要倒入。

B半杯。

C七分滿的。

D全滿的。

測試結果

選A

你是一個很會賺錢的窮人，因為你對金錢的欲望非常強，但你常常搞不清楚你到底有多少錢。

選B

你是一個對金錢欲望不強的人，因為你做事非常謹慎，所以對金錢的處理也同樣謹慎。

選C

你是一個對金錢欲望強烈但善於支配的人，因為你凡事都會留後路，自制能力很強，且不會輕易進行危險的金錢交易。

選D

你是一個非常貪婪的人，對所有的東西都想擁有，對金錢的欲望極強。

弱點24

輕信：牆頭草，隨風倒

自滿、自大和輕信，是人生的三大暗礁。——歐諾黑．德．巴爾札克

我們常將缺少主見的人比喻「牆頭草，隨風倒」，其實這些人的弱點就在於輕信。他們考慮問題很簡單，容易相信別人的話，遇事往往覺得無所適從，拿不定主意，總覺得「公說公有理，婆說婆有理」，結果把事情弄得一團糟。

- 輕信的人個性不強，意志不堅定，膽小怕事，沒有創新精神，容易產生從眾心理。
- 輕信的人一般不善分辨是非，對他人所持的不同觀點，往往採取全盤吸收的態度，取其精華，但並不去其糟粕。
- 輕信的人缺乏自信，不敢肯定自己的觀點，總認為別人的觀點比自己高明，應照別人說的做。他們像「應聲蟲」一樣，別人說什麼就聽什麼，人云亦云。
- 輕信的人優柔寡斷，特別是在大多數的意見與自己不同時，他們多半會放棄自己的觀

點，因此阻礙工作進度。

頭腦冷靜，才能在謠言中站住腳

俗話說：「人言可畏」。就算別人對你個人的說法、議論是十分恐怖的。最高明的辦法就是坦然處之，冷靜對待。

一九五二年，尼克森參加艾森豪總統競選班底。就在這時，有人揭發：加州的某些富商以私人捐款方式暗中資助尼克森，而尼克森將那筆錢據為己有。尼克森據理反駁，說那筆錢是用來支付政治活動開支，自己絕沒有據為己有。但因艾森豪要求他的競選夥伴必須是清白的，所以準備將尼克森從候選人名單中除去。

在一九五二年十月的晚上十點三十分，全國所有的電視臺都將鏡頭對準了尼克森，他不得不透過電視解釋這件事，為自己的清白辯護。

尼克森在談話中並沒有單刀直入地為自己辯護，而是多次提到他的出身如何卑微，如何憑藉自己的勇氣和勤奮工作才得以到今天的成就。這合乎美國競爭面前人人平等的國情，博得了國民的同情。說著說著，他話題一轉，順便提起有趣的往事，他說道：「在我被提名為候選人時，有人給我送來一件禮物。你們猜是什麼？」尼克森故意打住，以提高聽眾的興趣。「打開包裹一看，裡面裝著一隻西班牙長耳朵小狗，全身有黑白相間的斑點，十分可愛。我那六歲的女兒特莉西亞喜歡極了，給牠取名「棋盤」。

大家知道，小孩子都喜歡狗。所以，不管人家怎麼說，我打算把狗留下來……」事後，美國的一份娛樂雜誌將這次的「棋盤演說」嘲諷為花言巧語的產物。

好萊塢製片人達里爾・札納克則說：「這是我從未見過的驚人表演。」

尼克森當時以為自己失敗了，但是最後事情的發展出乎大家意料，成千上萬封讚揚他的電報湧進了共和黨全國總部，他因為表現出色，最終被留在候選人的名單上。

謠言很多，常常令我們身陷被動的境地。怎麼處理它成為每個人關心的問題，其實對於身陷謠言漩渦中的人來說，最需要的是冷靜的頭腦，而非沮喪的心情和失望的憤怒。冷靜是卓越的基礎，只有冷靜才能讓自己不亂方寸，在謠言的漩渦中站住腳，謠言不可怕，冷靜思考才是我們對待謠言的最好辦法。

培養獨立思考及辨別是非的能力

豐臣秀吉聽說松蘑獲得了好收成，於是突然提出要親自採集松蘑。家臣們聽後，甚是為難，因為時令早已過，松蘑早被採光了。怎麼辦呢？家臣想了個主意：頭一天晚上，他們在一片土地上到處插入松蘑。

第二天，秀吉來採松蘑時，一看松蘑滿地，讚歎道：「太好了！多麼令人陶醉的一片松蘑啊！」這時，有個投機的家臣悄悄向他告密：「殿下，他們騙你啊！那些松蘑是昨天夜裡才插上的……」周圍的家臣一看有人告密，頓時嚇得面色蒼白，魂不附體。他們知道，秀吉這個人對不忠誠的人向來是嚴懲不貸。可是這回秀吉卻轉身對大家笑著說：「剛才，我已經看出這片松蘑長得奇怪，這是大家為滿足我的願望而表示的一片心意。看到好久沒有看到的松蘑，勾起我對往昔農村生活的懷念，真的很高興！為了表示我的謝意，這些松蘑大家拿去品嘗吧！」

豐臣秀吉是明智之人，他沒有被「讒言」所左右，反而領受了大家的善意及良苦用心。

不進讒言也不信讒言

有些人一生懷才不遇或在官場上屢遭坎坷和挫折，很多時候就是因為在某些關鍵時刻和環節上受到讒言傷害，但這個人終其一生卻不知道是何許原因。唐朝丞相李適之就是其中之一。

唐朝李林甫的詭計多端是出了名的。他為了取得皇上信任，不惜用詭計害人。

有一天，他對丞相李適之說：「傳言華山有金礦，您應該向皇上彙報此事。」忠誠老實的李適之就把此事彙報給皇上。皇上聽後自是高興，就此事的真偽詢問當時分管全國物產的李林甫，李林甫倒也沒否定此事，謙卑地對皇上說：「此事乃我份內之事，之所以沒有向皇上彙報是因為華山為吾皇龍脈所在，恐開採有礙於萬代基業。」皇上一聽頗為感動，「遂重之」。李林甫一箭雙雕，既陷害了丞相，又標榜了自己，果然不久後皇上就提升李林甫為「忠誠幹練，為能士之才」的丞相。

進讒言的人之所以成功，是因為他們利用人們的輕信和多疑的心理。可見，讒言是一個對人對己都很有殺傷力的事。在生活中，我們要做到不進讒言、不信讒言，讓「讒言」徹底與我們無關。想做到這一點，可參考如下建議：

1. 防人之心不可無

在日常學習和生活中，要盡可能對有條件和機會進讒的人多加小心，不要讓他們抓到你的把柄，更重要的是要與這些人疏通關係，增加了解，拉近感情。只有感情和利益才能堵住他們的嘴，才可真正封住讒言的源流。

2. 培養自己的主見和決斷力

在日常生活當中，不要輕易相信別人的話，即使是很有威望的人說出的話，也要對其進行冷靜的思考和判斷。

3. 讓「讒言」止於自己

靜心修德，不要為了任何目的而詆毀他人，或傳播他人的相關「事蹟」。如果聽到關於某人的「讒言」，不要進行傳播，讓謠言止於智者。

4. 鍛煉自己理性分析問題的能力

如果處在某一領導崗位，更要保持清醒的頭腦，依照科學的方法和現實的依據去判斷人、評價人，不要被一些不懷好意的「謠言」所迷惑，從而作出錯誤的決定。

自我檢視

謠言對你的殺傷力

假如你現在可以隨意決定要去某個地方旅居一個月，為當地寫傳世記錄，你會選哪裡？這個問題是測試流言對你的殺傷力有多強。

A鄉村小鎮。

B文化古國。

C現代都會。

D原始叢林。

測試結果

選A：殺傷力程度90分

你討厭被別人誤解，若聽到與自己相關的不實傳聞，你會十分氣憤，並且將這件事掛在心上。不過，悶久了，可能會醞釀出一種殺傷力極強的怨氣，銷蝕你對其他人的信任。

選B：殺傷力程度65分

你雖然會受謠言影響，短時間內陷入情緒不穩的狀態，需要一個人獨處療傷。但沒多久，你就會自然痊癒，因為生活中還有其他更重要的事來分散你的注意力。

選C：殺傷力程度40分

你的適應力極強，不管遇到多麼棘手的問題，都能處之泰然。說你具有流言的免疫力，一點也不為過。那些有趣的八卦謠言，都只是你茶餘飯後的談笑題材。

選D：殺傷力程度20分

你是個以自我為中心的人，凡事只要自己問心無愧，就不會在意別人怎麼說。你相信清者自清、濁者自濁，謠言總會有澄清的一天，根本不必擔心。

弱點25

羞怯：走到哪兒都遮遮掩掩

害羞是畏懼或害怕羞辱的情緒，這種情緒可以阻止人不去犯某些卑鄙的行為。——巴魯赫・史賓諾沙

羞怯，顧名思義是害羞或膽怯。因膽怯或做錯了事怕被恥笑而心中不安；對新鮮事物感到緊張恐懼；害怕陌生人、怕權威者，羞怯是一種難為情，是對自己的過度保護，究竟是好是壞，不能一概而論。但過度害羞會使人消極保守，沉溺在自我的圈子裡，也不利於一個人的成功。

- 害羞者生理表現為心跳加速，手心出汗，而且還會身體發抖。
- 害羞的人通常很拘謹，不樂意見到某些特定的人或事。如見到陌生人或老師、領導等人容易臉紅。
- 人多不自在，不僅話說不清楚，甚至連做事也常常出錯，感到非常苦惱。
- 害怕參加集體活動，不敢當眾講話或表演。

- 他們孤僻、保守，沒有自信，從來不主動與人交朋友，在人際關係表現嚴重的退避心理。
- 永遠不會知道什麼時候該說「我行」，什麼時候該說「我不能」。

掀開羞怯的面紗

有位名人說過：「害羞是人類最純真的感情現象。」通常情況下，人是會知道害羞的。這種內心不安、惶恐的表現是人在成長過程中正常的焦慮現象，但如果這種焦慮持久且嚴重干擾了人的正常生活，則成為一種心理病態——社交焦慮症。

西方國家資料調查顯示，社交焦慮症終身患病率為一〇%至一三%。最近，美國出現了關於害羞普遍性的報告：年輕人都被電子產品包圍著，他們長時間獨自看電視、玩手遊、上網，由此產生了社會隔離，減少了與人面對面接觸的機會。過度使用網路會使人們感到孤獨、隔離和更加害羞。

斯坦福大學的心理學家約翰・加百利教授進行了相關的調查。他的研究物件是一些成年人。實驗過程中，他不僅出示表情圖片，還會展示一些容易使人產生恐懼的場景，如車禍現場等。他發現那些害羞者對此類場景的反應，與其他研究物件相比沒有兩樣。

精神病學家大衛德・西漢教授把害羞的原因歸結為大腦中負責負面情緒的區域對陌生情況

的反應過度。不過，新的研究表明，容易害羞者的大腦皮層對外界所有刺激的反應，都比外向的人更加敏感。

美國國家衛生研究院發展心理學家艾曼達・蓋耶領導下的研究者、兒童精神病學家莫妮克・厄恩斯特說：「迄今為止，人們認為羞澀往往會導致人避開社交場景，我們的研究是讓大家知道，在害羞者的大腦中，與犒賞系統有關的區域活動更加強烈。」

過度害羞讓我們變得軟弱

你碰見陌生人會覺得害羞嗎？當你問別人問題時，覺得害羞嗎？如果你必須坐在講臺上演說，你會害羞嗎？如果你忽然看見一棵可愛的樹、一朵纖美的花，你會想靜靜觀賞可是又有點不自在嗎？害羞不是壞事。但對大部分人來說，害羞隱藏著難為情。譬如我們見到一位大人物，我們就開始覺得難為情，我們會想：「他是多麼重要、多麼有名，而我只是一個默默無聞的人。」所以，如果我們覺得害羞，就是對自己過度關注。

馬克・吐溫說：「人類是唯一會害羞的動物，人類有時也需要害羞一點。可是，人們卻不應該在正常行事的過程中害羞，同樣也不應該在一個連動物都會害羞的場合之下無動於衷。」

伊笛絲從小就特別敏感而靦腆，她的身體一直太胖，而她的臉使她看起來比實際體重更胖。伊笛絲有一個古板的母親，她認為把衣服弄得漂亮是一件愚蠢的事。她總對伊笛絲說：

「寬衣好穿，窄衣易破。」所以，伊笛絲從來不和其他孩子一起做室外活動，甚至不上體育課。她非常害羞，覺得自己和其他人不一樣，完全不討人喜歡。

長大後，伊笛絲嫁給一個比她大好幾歲的男人，可是她並沒有改變。丈夫一家人都很好，也充滿自信。伊笛絲盡最大的努力要像他們一樣，可是她做不到。他們為了使伊笛絲開朗而做的每件事情，都令她更退縮。伊笛絲緊張不安，躲開了所有的朋友，情形壞到她甚至怕聽到門鈴響。為擺脫痛苦，伊笛絲開始想自殺。

有一天，她婆婆正在談自己怎麼教養幾個孩子，她說：「不管事情怎麼樣，我總會要求他們保持本色。」「保持本色！」就是這句話！一剎那，伊笛絲發現自己之所以那麼苦惱，就是因為她一直在試著讓自己適應一個不適合自己的模式。

伊笛絲回憶道：「在一夜間我整個改變了。我開始保持本色。我試著研究我自己的個性、自己的優點，盡我所能去學習色彩和服飾知識，盡量以適合我的方式去穿衣服。主動交朋友，慢慢增加我的勇氣。今天我所擁有的快樂，是我從來沒有想過可能得到的。」

我們如何才能控制自己害羞的情緒呢？答案就是：不要考慮自己，下定決心，勇敢著手去做自己不敢做的事情。

下定決心去做自己不敢做的事情，當然，最初下決心是很困難的，但是，如果我們能夠勇敢面對我們感到害羞的事情，我們就可以控制它。擺脫自我的約束即便不是最重要的藝術，也是人生的首要藝術。

讓害羞的人變大方的祕訣

生活中，每個人都有害羞的時候，只是害羞的原因千差萬別：有的人天生膽小內向，性格原因使然；有的人認識有誤，怕在人前出醜，有損自己的面子；有的人十分敏感和自卑，過於在意別人對自己的評價而顯得縮手縮腳。

心理學家認為，偶爾的羞怯在所難免，但若在交往中經常被羞怯的心理所籠罩，就需要加以克服了。特別是年輕人，羞怯容易使自己喪失進取的機會，失去許多本可以交到的好友，錯過主管賞識你的可能性，漏掉展示自我、發揮才能的時機。

潘亮儘管已大學畢業開始工作，但他對與其他人交往有一種恐懼感，見到人，臉就紅。尤其是陌生人，如果與他們在一起，他便會感到一種莫名其妙的緊張。如因有事必須與他人接觸時，不論對方是男是女，潘亮一走近對方，便感到心慌、神情緊張，不敢抬頭正視對方。由於這些原因，他很害怕與別人接觸，進而害怕到出去做業務，這影響了他的工作和正常生活，潘亮的內心非常痛苦。

羞怯心理會阻礙一個人的人生發展，束縛他前進的腳步。若想克服羞怯，只有一條途徑，那就是行動：

第一，做些克服羞怯的運動。例如：將兩腳平穩地站立，然後輕輕地把腳跟提起，堅持幾秒鐘後放下。每次反覆做三十下，每天這樣做兩三次，可以消除心神不寧的感覺。

第二，深呼吸。害羞使人呼吸急促，因此，要強迫自己做數次深長而有節奏的呼吸，這可使一個人的緊張心情得以緩解，為建立自信心打下基礎。

第三，與別人在一起時，不論是正式或非正式的聚會，開始時不妨手裡握住一樣東西，如一本書、一塊紙巾或其他小東西，這對於害羞的人來說，會感到舒服而且有安全感。

第四，學會專心、毫不畏懼地看著別人。試想，你若老是迴避別人的視線，老盯著一件傢俱或遠處的牆角，不是顯得很幼稚嗎？難道你和對方不是處在一個同等的地位嗎？為什麼不拿出點勇氣，大膽而自信看著對方呢？

第五，平時多讀些書，開闊視野。開闊自己的視野，豐富自己的閱歷，你就會發現，在社交場合你可以毫無困難地表達你的意見。這將幫助你建立自信，克服羞怯。

第六，在參加社會活動時，盡量坐在社交場合的中心位置。害羞的人參加社交活動總喜歡坐在角落裡，這樣確實不容易引起別人的注意，但也失去了別人認識他的機會。

第七，在與別人談話過程中練習克服害羞心理。與別人交談時，眼睛盡量注視對方；說話聲音大些，並且盡量有條理。如果遇到別人沒回答你的問題，就再說一遍，不要害怕會惹人不高興。

自我檢視

你是一個害羞的人嗎？

1. 公司辦活動，主管希望你來主持，這時你會怎樣答覆？

A 欣然接受。

B 答應試試，心中有些猶豫。

C 覺得不可想像，堅決推掉。

2. 如果你參加合唱團，你希望被安排在哪一排？

A 第一排中間的引人注目處。

B 隨便安排，只要不是中間就行。

C 旁邊都有他人的後排位置。

3.朋友委託你去火車站接人，並告訴你那人的姓名和外貌特徵，如果你在火車站看到這樣一個人，這時你會怎麼樣？

A立刻上前詢問，加以證實。

B把寫著對方姓名的牌子在他的視線內晃動，以引起他的注意。

C站在一邊，直到其他旅客走完，確定他是，才向前打招呼。

4.舞會上，有一位你不認識但有些魅力的人一直注視著你，這時你會怎麼做？

A以同樣的方式回報或報以微笑。

B微微低頭或把臉扭開。

C掃對方一眼，又裝作未覺察而掩飾過去。

5.在有較多不熟悉的人參加的討論會上，如果你有一個問題，你怎麼辦？

A毫不猶豫地提出來。

B在會後向有關人員提出來。

C希望有人能代你提出這個問題。

6.要是異性朋友當眾叫你的名字而不加上姓，你會感覺如何？

A感到很高興。

B感到無關緊要。

C感到很不自在，阻止他這麼叫。

7.你感到你對別人的吸引力和影響力有多少？

A很能吸引和影響別人。

B能夠吸引和影響少數人。

C不能夠吸引和影響別人。

8.如果有朋友要求你在他的婚禮上唱歌助興，你怎樣面對？

A很高興地接受。

B感到十分緊張，但只好接受。

C會感到十分吃驚，加以推卻。

9.在進入都是陌生人的房間以前，你會怎麼辦？

A毫不猶豫地走進去。

B相當為難，只好硬著頭皮走進去。

C等有其他人來的時候才敢一起進去。

10.當你與一個名人相遇時，你希望能得到他的簽名。在什麼情況下你才會開口向他提出為你簽名留念的要求？

A如果他是你所喜歡的名人，就要求他簽名留念。

B只有當別人要求名人簽名時才跟著這麼做。

C不敢要求名人為自己簽名。

11.在有不少陌生人參加的私人聚會上，你會怎樣表現？

A輕鬆自如地談笑。

B一開始有點拘束，很快就會自由自在、輕鬆起來。

C一直感到拘束，不敢自由談笑和行事。

12. 當你要找一個人，在地址不清楚時，你首先會做什麼？

A向可能住處的各種人打聽，請求幫忙。

B到有關派出所或街道居委會詢問。

C回家去，等到有了確切地址後再來找。

13. 要是在一次朋友的聚會上，你發現一位很吸引你的人，很希望與他（她）相識和交往，你會怎麼辦？

A主動接近他，大方地自我介紹。

B要求其他人為你們相互介紹。

C希望他能注意到自己，並與自己交往。

評分標準

每一題選A計1分，選B計2分，選C計3分，請計算總分。

測試結果

總分在13~20分

你是一個比較自信的人，很少害羞，你在社交過程中是主動、積極的。你大膽，不拘謹，敢說敢作，因此，你能捕捉到較多的機會。但另一方面，你也應注意到分寸感，因為物極必反。

總分在21~29分

你有普通人的羞怯心理，程度中等，有時這會給你的行動帶來一些障礙，因此，你還要更主動些、大膽些。

總分在30~39分

表明你的害羞心理比較嚴重，你在社交中比較拘謹，顧慮重重，害怕碰釘子，對自己信心不足。但另一方面，你可能做事謹慎，喜歡思考，有教養，常為別人著想。因此，你要認清自己的長處和短處，多鼓勵自己，增加自信。

弱點26

猜疑：這世上只相信「懷疑」

猜疑之心如蝙蝠，它總是在黃昏中起飛。——法蘭西斯・培根

猜疑是人性的弱點之一，歷來是害人害己的禍根，是卑鄙靈魂的夥伴。會損害正常的人際關係，影響個人的身心健康。

- 他們整天疑心重重、無中生有，覺得別人在背後說自己壞話，或給自己使壞。
- 有的人見到幾個同事背著他講話，就會懷疑是在講他的壞話。
- 喜歡猜疑的人特別注意留心外界和別人對自己的態度，別人脫口而出的一句話很可能琢磨半天，努力發現其中的涵義。
- 這種人心有疑惑，不願公開，也少交心，整天悶悶不樂、鬱鬱寡歡。由於自我封閉，阻隔了外界資訊的輸入和人間真情的流露，便由懷疑別人發展到懷疑自己，失去信心，變得自卑、消極和被動。

有色眼鏡只會讓你的世界烏雲密佈

疑心重重，戴著有色眼鏡看人，甚至毫無根據地猜疑他人的人，在猜疑心的作用下，會把被猜疑的人的一言一行都罩上可疑的色彩，即所謂「疑心生暗鬼」。他們往往先在主觀上假定某一看法，然後把許多毫無聯繫的現象都透過所謂的「合理想像」牽扯在一起，以證明自己看法的正確性。

灰兔在山坡上玩，發現狼、豺、狐狸鬼鬼祟祟地向自己走來，急忙鑽到自己的洞穴中避難。灰兔的洞一共有三個不同方向的出口，為的是在情況危急時能從安全的洞口撤退。今天，狼、豺、狐狸聯合起來對付灰兔，牠們各自守住一個出口，把灰兔圍困在洞穴中。狼用他那沙啞的嗓子，對著洞中喊道：「灰兔你聽著，三個出口我們都把守著，你逃不了啦，還是自己走出來吧！」忽然，灰兔靈機一動，想出一個妙計。牠來到狐狸把守的洞口，對著洞外拚命地尖叫，就像被抓住後發出的絕望慘叫聲。

狼和豺聽到灰兔的尖叫聲，以為是灰兔被狐狸抓住了。牠們擔心狐狸抓到灰兔後獨自享用，不約而同地飛奔到狐狸那裡。當牠們意識到灰兔是用聲東擊西之計，急忙回到各自把守的洞口時。灰兔早已脫困，躲到安全的地方了。

灰兔把自己脫險的經過告訴了刺蝟，刺蝟說：「你真聰明，怎麼想出這個妙計來的呢？」灰兔說：「因為我知道，狼、豺、狐狸雖然結夥前來對付我，但牠們都有猜忌的本性，互不信任，各懷鬼胎，我正是利用了這一點。」

好猜疑的人最終會陷入作繭自縛、自尋煩惱的困境中，結果還導致自己的人際關係緊張，失去他人的信任。

無端猜疑使你失去支持與幫助

人人都有戒備心理，這在一般情況下可以保護自己不受傷害。但是過分戒備，懷疑別人對你的幫助是另有企圖，不但會傷害別人的心，還會喪失發現善良、感受善良的機會。

火車輪在鐵軌上急速轉動著，車廂的一角，坐著一位年輕的媽媽和她三歲可愛的兒子。坐在他們對面的是兩個機靈的女孩，她們在活潑地交談著。

顯然，小男孩被這兩個活潑的姐姐吸引了。兩個女孩便把小男孩拉入一起聊天。但坐在一旁的媽媽不開心了，眼神中透出對兩個女孩的警惕，一把拉住兒子，對他說：「坐好，安靜點，姐姐們累了！」

車廂廣播開始講話。兩個小女孩看著媽媽拎著很多行李，便主動說：「我們可以幫你拿行李，送你到車站。」小男孩也嚷著要跟著姐姐們走。

可是這媽媽拒絕了她們的好意，一個人拎著沉重的行李，牽著小男孩的手費力地往出站口走去。等媽媽費盡心力攔了一輛計程車時，她突然看到剛才那兩個女孩正攙扶著一個老人上公車。

這媽媽望著兩個女孩的紅色背影，整個天空忽然亮了。

無端猜疑和防範別人的結果，必將使自己也失去支持和幫助，這就等於自己堵住自己前進的道路。所以，我們要學會擺脫猜疑心理。

多疑者自尋煩惱

有兩個十分要好的朋友，彼此不分你我。有一次他們去沙漠旅行，不小心迷了路，乾渴威脅著他們的生命。上帝為了考驗他倆的友誼，就對他們說：「前面的樹上有兩個蘋果，一大一小，吃了大的就能平安走出沙漠。」兩人聽了，匆匆忙忙向前走，果然發現有棵樹上掛著兩個蘋果，一大一小。他們都想讓對方吃那個大的，堅持自己吃小的。爭執到最後，誰也沒說服誰，兩人都在極度勞累中迷迷糊糊睡著了。

不知過了多久，其中一個突然醒來，卻發現他的朋友早已離開。於是他急忙走到樹下，摘下剩下的蘋果，一看，蘋果很小。他頓時感到朋友欺騙了他，便懷著悲憤與失望的心情向前走去。

突然，他發現朋友在前面不遠處昏倒了，便毫不猶豫地跑了過去，小心翼翼地將朋友輕輕抱起。這時他驚訝地發現：朋友手中緊緊地握著一個蘋果，而那個蘋果比他手中的小很多。

由於多心、猜忌，他誤會了好朋友，他對自己懷疑善良的朋友而悔恨不已。

因此，消除猜疑之心是保持心理健康、生活幸福的法則之一。

那麼，該如何矯正自己的猜疑心理呢？

第一，優化個人的心理素質，拓寬胸懷，來提高對別人的信任度和排除不良心理。

第二，擺脫錯誤思維方法的束縛。猜疑一般總是從某一假想目標開始，最後又回到假想目標。只有擺脫錯誤思維的束縛，走出先入為主的死胡同，才能促使猜疑之心在得不到自我證實和不能自圓其說的情況下自行消失。

第三，敞開心扉，增加心靈的透明度。猜疑往往是心靈閉鎖者人為設置的心理屏障。只有敞開心扉，增加心靈的透明度，才能求得彼此間的了解與溝通，增加相互的信任。

第四，無視「長舌人」傳播的流言。猜疑之火往往在「長舌人」的煽動下越燒越旺，致使人失去理智、釀成惡果。

第五，當我們開始猜疑某人時，最好先綜合分析一下他平時的為人、經歷及與自己多年共事交往的表現。這樣有助於將錯誤的猜疑消滅在萌芽之中。

自我檢視

你是一個疑心病重的人嗎？

適度的戒備可以起到自我保護的作用，但是猜疑心態過重，對別人的任何行為都認為是居心不良，那麼於人於己都是有百害而無一利的。

下面這個小測驗，你只需回答「是」或「否」。

1. 你是否經常懷疑周圍的人討厭你？
2. 你是否經常認為家人和朋友在背後說你壞話？
3. 你心中是否已有評價別人的固定標準？
4. 你是否認為多數伴侶在有機會又不被他人發覺的情況下會有不忠行為？
5. 你是否經常懷疑別人對你的讚揚不是出於真心？
6. 你是否認為多數人在無人監督時工作一定偷懶？
7. 假如你找不到東西，第一個反應是不是認為一定是他人拿走的？
8. 如果你需要幫助，是否會多方求援，而非只信某個人的建議？
9. 你是否認為，多數人遵守規矩的原因是怕犯錯誤被別人發覺？

10.在需要留下你的電話、住址時，你是否猶豫不決？

評分標準

答「是」計5分，答「否」計〇分。

測試結果

0～10分：你對別人過於信任。

15～40分：你對人既懷疑又信任，這是一種正常的心態。

45～50分：你的疑心太重，應該學會如何正確信任別人。

弱點27

孤高自許：一個人的「芭蕾舞會」

人不能孤獨地生活，他需要社會。——約翰・沃夫岡・馮・歌德

生活永遠都不是一個人的舞蹈，無論我們走到哪裡，一定要培養出與人們的情誼關係。就好像燃燒的煤油燈一樣，火焰雖小，卻能產生出光亮和溫暖來。就好像舞會一樣，一個人跳舞，一個人欣賞，總是孤寂的。

- 看不起別人，總覺得自己比別人強很多。
- 個性極強，不輕易接受別人的意見，也不願與別人合作。
- 在集體中表現得比較孤僻，很少與人交流。
- 自命清高，對許多正常的事物或行為嗤之以鼻，甚至有些矯情。
- 對「流行」和「時尚」表現出刻意的冷漠，其實內心不一定如此，多半是為了表現自己的「不同流俗」。

不做獨行俠

俠客羅賓漢一度是英雄主義的象徵，但同時也被賦予了更多的個人主義——獨行俠式的人物。在過去，這種個人英雄主義還有生存的空間，但在講求合作的現代社會中，「羅賓漢式」的人物已遭到歷史淘汰。

曾有一個戲劇愛好者，他不顧親朋的反對，毅然選擇一處不熱鬧的地區，興建了一所超水準的劇院。

劇院開幕後，非常受歡迎，並帶動了周圍的商機。附近的餐館一家接一家地開設，百貨商店和咖啡廳也紛紛跟進。

沒幾年，劇院所在的地區便成為商業繁榮地帶。

「看看我們的鄰居，一小塊地，蓋棟樓就能出租那麼多的錢，而你用這麼大的地，卻只有一點劇院收入，豈不是吃虧了嗎？」那人的妻子對丈夫抱怨。「我們何不將劇院改建為商業大廈，做餐飲百貨，分租出去，單單租金就比劇院的收入多幾倍！」

丈夫也十分羨慕別人的收益，便將自己的劇院結束，貸得鉅款，改建商業大樓。

不料商業大廈還沒有竣工，鄰近的餐飲百貨店紛紛遷走，更可怕的是房價下跌，往日的繁華又不見了。而當他與鄰居相遇時，人們不但不像以前那樣對他熱情奉承，反露出敵視眼光。

面對現實的境況，那人終於醒悟，是他的劇院為附近帶來繁榮，也因繁榮改變他的價值觀，更因他的改變，又使當地失去了繁榮。

世界上的事物都是互相聯繫、互為因果的，我們誰也不可能孤立存在，更不可能只靠自己。人們常因建設自己而造就別人，又因別人的造就而改變自己。在這種改變中，你如果不讓別人贏，可能也會輸掉自己。

再優秀的人也要學會在合作中雙贏

每個人的能力都有限度，善於與人合作的人，能夠彌補自己能力的不足，達到自己原本達不到的目的。

五隻手指總在為自己的重要性爭論，大拇指說：「我最粗，做什麼事都離不開我。食指、中指、無名指和小拇指他們都沒用。」食指聽到後，不服氣地爭辯道：「大拇指太粗，中指太長，無名指太細，小拇指太短，他們都不行。」

這時，中指又說道：「我個子最高，只要我一個人，就能做很多事。」

突然，一旁的無名指叫了起來：「真討厭，大家都不給我一個名字，我真不願意和他們在一起。」

小拇指在一旁自言自語道：「他們長那麼長，那麼粗，有什麼用，我是小機靈。我的作用最大。」

這時，從很遠的地方傳來一個說話聲：「你們都不必爭論，如果誰先把我小小的壘球拿到手，誰就最厲害」。「這還不容易嗎？」手指們說道。於是五隻手指分別開始嘗試。

可是只見單隻手指接球紛紛失敗，正當大家唉聲歎氣，小拇指一拍腦袋在其他四指的耳邊說了句話，只見他們攜手合作，用五隻手指共同拿起這個小小的壘球。

自己的力量是有限的，這不單是「手指」的問題，也是我們每個人的問題。只要有心與人合作，就能取人之長、補己之短，而且能互惠互利，讓合作的雙方都從中受益。

有一句名言：「幫助別人往上爬的人，會爬得最高。」如果你幫助另一個孩子上了果樹，你因此也就得到了你想嘗的果實，而且你越是善於幫助別人，你能嘗到的果實就越多。

只有善於與他人合作，才能幫助你取得更大的成功。

與他人合作的五個技巧

過去，曾有人憑藉武力登上權力的寶座，並借助武力或武力威脅維持政權，但是今天不同了，人們只有互相合作才能做大事。

在一個公司裡，部長的指示之所以能夠執行，正是由於有部下的合作。如果部下的人不聽指揮，經理要開除的將是缺乏合作精神的部長，而不會是底下的工作人員。現代社會已發展到不能沒有合作的時代，假如沒有合作，你根本無法生存，更談不上成功。

所以說，我們需要合作。在學習、工作和生活中，只有時刻保持合作的意識，才能取得更好的成績，才能有所成就。

如何與他人合作？這裡談談幾種獲得別人合作的方法。

1. 尊敬團體的每一位成員

這是保證合作成功的基本準則。雖然你可能確信你比其他的參加者更有知識，但重要的是，你要讓他人充分地表達自己的觀點，而不要隨意打斷或表現出不耐煩，做到這一點對於團體正常發揮功能是很有必要的。

2. 鼓勵他人提出多樣化觀點

除了提出你自己的觀點外，還應鼓勵其他成員提出他們的觀點。當他人提出自己的觀點時，要做出積極和建議性的反應。

3.置身於對立的立場

重視別人喜歡的東西，要教給他們得到所喜歡東西的方法，而不是指使別人去做什麼。要爭取得到對方的合作，就應站在對方的立場上為他考慮，從而調動其積極性。

4.真誠讚賞

一位獄長曾說過：「對於罪犯的努力給予適當的稱讚，比嚴厲的批評與懲罰，能得到他更大的合作。」我們應將這方法運用於人際關係，不應過於挑剔別人的行為，而要多看到別人的優點，即使是微小的優點和進步，我們也要稱讚。

5.不可貪天之功

許多榮譽，往往是經過多人共同合作取得，即使是自己的成績最為顯著，也不要獨攬榮譽。

如果你掌握了以上五點，那就說明你基本上掌握了獲得合作的技巧。

自我檢視

你是一個自我或有合作精神的人？

1. 你買了一輛新車，剛騎上兩天，你的一位同學要向你借去兜風，你會：

A借他吧，那有什麼問題。

B對他說：「你要辦急事我可以借你，但若是去兜風就不行。」

C怕被他弄壞了，斷然拒絕。

2. 工作途中，你看到鄰居背著很多東西回家，他氣喘吁噓地同你打招呼，而上班時間就快要到了，你：

A幫他抬一下，再說：「我趕著上班，不能再幫你了，對不起。」

B幫他把東西送到家，到公司再解釋遲到的原因。

C打聲招呼，各走各的。

3. 你包裡的錢只能買一塊巧克力，但你想吃的時候卻有三四個人跟你待在一起，你會：

A叫別人也奉獻一點錢，多買幾塊大家吃。
B買一塊，掰開分給大家一起吃，自己雖不太夠，聊勝於無。
C買一塊自己吃，最多跟他們客氣一下。

4.你剛剛被選為組長，主管讓你安排一次會議，檢查一下你的工作能力，你會怎麼派活兒？

A按各人能力分配，能力強的人多做一點。
B盡可能平均地分派。
C讓關係好的同事做輕鬆的，別人做麻煩的。

5.你通常幫助了別人之後，會怎麼想？

A心裡很高興，因為你一向助人為樂。
B沒有什麼特別的感受，因為你總覺得是碰巧幫助了別人。
C心想，下次有事找對方的時候，他不會拒絕的。

6.你們幾個好朋友相約兼差，後來你發現他們的收入都比你少，你會有什麼想法？

A真心希望他們下回多掙一些錢。

B認為自己的運氣比他們好。

C產生一種優越感，私下以為自己能力比他們強。

7.鄰居養了一條狗，但她討厭雨天，所以每次下雨，她都要求你幫她把狗牽出去散步，你怎麼辦？

A很樂意幫忙，並且主動去牽。

B不好意思不牽，但每一次都磨磨蹭蹭，心裡很不願意。

C找藉口說有事不能幫忙。

8.你爸爸的一個朋友跟他同齡且是同學，但不論職位還是薪水都比你爸爸高得多，你感到：

A很欣賞他，覺得老實愚鈍的爸爸確實比不上他，希望自己的將來能夠像他而別像爸爸。

B僅僅是他的運氣好而已，爸爸就錯過了幾次升遷的機會。

C他肯定熟悉請客送禮巴結上司那一套，有什麼了不起的。

9.你的同事經常向你借筆，儘管這是不值錢的東西，但每一次他都說忘記歸還，你會：

A毫不介意，每次都借給他。

B買幾枝放在他的課桌上，他給你錢也不要。

C生氣了，乾脆不借他。

評分標準

由於是自己測驗自己，所以你一定要實事求是。每一題A得2分，B得1分，C得〇分。請把你得到的總分對照一下測試結果，就知道你的合作精神如何了。

測試結果

11分以下

你性格孤僻，毫無合作精神，不僅不願意與人合作，甚至你會拒絕別人的幫助，你認為「助人為樂」是傻瓜才做的事。具有這種性格是極其危險的，它不但會令你失去很多生活樂趣，甚至會大大影響你的前途。

12～20分

你有些合作精神，人際關係也不錯，但你凡事不吃虧，即使幫助別人也總希望能得到回報。換言之，你會去與別人合作，卻是有條件的。

21分以上

你很富有合作精神，能同時與很多人合作，而且效果很好。你富有領導才能，能成為事業上的寵兒。這種好性格同時又使你擁有很多的朋友，在你需要幫助時，總是有許多雙溫暖的手，祝賀你！

弱點28

自負：眼睛不要長在頭頂上

自負是安撫愚人的一種麻醉劑。——戈特霍爾德·埃弗拉伊姆·萊辛

驕傲自負的人常常認為，世界上如果沒有他，人們就不知該怎麼辦了。但實際上，這樣的人避免不了失敗的命運，因為一驕傲，他們就會失去為人處世的準繩，事事以自我為中心，結果總在驕傲裡毀滅了自己。

- 凡事從自己的利益出發，不顧及別人的需求。
- 不求於人時，對人沒有絲毫的熱情，似乎人人都應為他服務，結果落得門庭冷落。
- 固執己見，唯我獨尊。總是將自己的觀點強加於別人身上，在明知別人正確時，也不願意改變自己的態度或接受別人的觀點。
- 不能容忍別人指出自己的缺點和不足，總是自以為是。
- 總愛抬高自己貶低別人，把別人看得一無是處。

偉大的科學家因自負而一蹶不振

愛迪生到了晚年，曾說過一句令我們目瞪口呆的話：「你們以後不要再向我提出任何建議。因為你們的想法，我早就想過了！」於是悲劇開始了。

一八八二年，在白熾燈獲得市場認可後，愛迪生的電氣公司開始建立電力網，由此開始了「電力時代」。當時，愛迪生的公司是靠直流電輸電。不久，交流電技術開始嶄露頭角，但受限於數學知識（交流電需要較多數學知識）的不足，愛迪生始終不承認交流電的價值。憑藉自己的威望，愛迪生到處演講，不遺餘力地攻擊交流電，甚至公開嘲笑交流電唯一的用途就是做電椅殺人！

發展交流電技術的威斯汀豪斯公司，一度被愛迪生打壓得抬不起頭來。但後來那些崇拜、迷信愛迪生的人在鐵的事實面前驚訝地發現：交流電其實比直流電要強得多！

是什麼使愛迪生前後判若兩人？是什麼毀了一個功成名就的偉人？在逆境中，愛迪生保持了驚人的毅力與良好的心態；在順境中，他卻像歷史上很多偉人一樣，沉湎於自己的成就，變得狂妄、輕率而固執。

真正聰明的人，總是在為事業奠定一個物質和制度基礎後，平視自己的成就，平視周圍的人，而不是仰視成就，俯視周圍的人和事，這樣的人才可能事業常青。

自負的人永遠不能與成功邂逅

有一點小本事就目中無人，這是我們許多人身上的通病。比爾．蓋茲曾說：「如果我們有了一點成功便覺得了不起，這是不可取的行為。然而如果我們為自己的成功自鳴得意時，有人來教訓我們一番，那麼，我們可算是幸運了。」

有位博士搭船過江時，和船夫閒談。

他問船夫：「你懂文學嗎？」

船夫回答：「不懂。」

博士又問：「那麼歷史學、動物學、植物學呢？」

船夫仍搖搖頭。

博士嘲諷地說：「你樣樣都不懂，十足是個飯桶。」

不久，天色忽變，風浪大作，博士嚇得面如土色。

船夫就問他：「你懂游泳嗎？」

博士回答說：「我樣樣都懂，就是不懂游泳。」

說著船就翻了，博士大呼救命。船夫一把將他抓住，救上岸，笑著對他說：「你所懂的，我都不懂，你說我是飯桶。但你樣樣都懂，就不懂游泳。要不是我這飯桶，恐怕你早就變水桶了。」

很多人只知吹噓自己取得的輝煌，誇耀自己的能力學識，以為這樣可抬高自己。但事實上，他們越吹噓自己，越會被人討厭；越誇耀自己的能力，越容易使自己出醜。

俄國作家契訶夫曾說：「人應該謙虛，不要讓自己的名字像水塘上的氣泡那樣一閃而過。」你要永遠記住：「偉人多謙遜，小人多驕傲。太陽穿一件樸素的光衣，白雲卻披了燦爛的裙裾。」

處世也是如此，保持謙卑的姿態，避開無謂的紛爭，就能避開意外的傷害，好好地發展自己。

放棄自以為是的念頭

柳公權，中國唐代著名的書法家，「柳體」的創立者。他創立的柳體和臨寫的《玄秘塔》直至今天仍然是人們學習、臨摹的權威性字帖。柳公權自幼聰明好學，特別喜歡寫字，十四五歲便能寫出一手好字，經常受到老師的表揚。日子久了，他心裡不知不覺就驕傲起來，以為天下「唯我獨尊」。

有天，柳公權和幾個小夥伴舉行「寫字大賽」。柳公權很快寫好一篇，心想：我肯定是第一，誰能比得過我？心裡這樣想著，臉上也顯露出洋洋得意的神情。這時，從東面走來一位賣豆腐的老漢，這老漢早看出了柳公權的傲氣，於是說道：「這字寫得並不好，就像我擔子裡的豆腐，軟塌塌的，沒筋沒骨。」

柳公權一聽老漢的評價，馬上不服氣地說：「我的字不好，那麼請你寫幾個讓我瞧瞧！」老漢笑道：「我一個賣豆腐的，你跟我比有什麼出息。城裡有一個用腳寫字的人，比你用手寫的強幾倍呢！如果不信，就去城裡看看吧！」

第二天，柳公權進城，只見一位老人已失去雙臂，正坐在地上用腳寫字。他用左腳壓著紙的一邊，用右腳的大拇指和二指夾住毛筆，運轉腳腕，一行遒勁的大字便出現在人們的眼前。眾人一陣喝彩：「好，好！」

柳公權驚呆了，山外有山，天外有天！自以為天下第一了，實在慚愧。想到這裡，柳公權來到無臂老人面前，雙膝跪倒，說道：「先生，請受徒兒一拜，請您教我寫字吧！」

無臂老人推辭道：「我一個殘廢人，能教你什麼，只是混口飯吃罷了！」

柳公權說：「請您不要推辭了，您不收我為徒，我就不起來！」

這老者見他言辭懇切，心裡一動，說道：「你要實在想學，那麼你就照著這首詩練下去吧！」說罷，老人用腳鋪開一張紙，揮毫寫下一首詩：寫盡八缸水，墨染滂池黑，博取眾家長，始得龍鳳飛。

柳公權把老人的話牢記在心，他不但懂得了寫字必須勤寫勤練，虛心學習，更懂得了做人不能恃才傲物，否則將一事無成。

美國哲學家、科學家富蘭克林曾說：「自負是一個人要除掉的惡習。」既然自負會成為我們性格上的弱點，會阻礙我們前進的腳步，那麼，我們就應該培養良好的習慣去克服它，不讓它滋生。以下提供三個方法，將可協助你克服自負的壞習慣。

1. 接受批評

自負者的致命弱點是不願改變自己的態度或接受別人的觀點，接受批評即是針對這一特點提出的方法。不是要讓自負者完全服從於他人，而是要求他們能夠接受別人的正確觀點，通過接受別人的批評，改變過去固執己見、唯我獨尊的形象。

2. 與人平等相處

自負者視自己為上帝，無論在觀念上還是行動上都無理地要求別人服從自己。平等相處就是要求自負者以一個人與別人平等交往。

3. 時刻反躬自省

自負者往往是習慣沉浸於虛無的勝利中的幻想者，眼前顯現的、耳邊響動的永遠是昔日的鮮花與掌聲。他們不能靜下心來想一想自己今天做了些什麼，收穫了什麼。如果一個人能經常進行自我反省，那麼他就不會有自負心理了。

自我檢視

你是一個自負的人嗎？

1. 如果店員的服務態度不好，你會直接找他們經理嗎？
2. 參加晚宴時，即使很想上洗手間，你也會忍著直到宴會結束嗎？
3. 如果想買增高鞋墊，你會盡量郵購，而不親自到店裡去嗎？
4. 一旦你下了決心，即使沒有人贊同，你仍然會堅持到底嗎？
5. 你經常欣賞自己的照片嗎？
6. 別人批評你，你會覺得難過嗎？
7. 你很少對人說出你真正的意見嗎？
8. 對別人的讚美，你持懷疑態度嗎？
9. 你總是覺得自己比別人差嗎？
10. 你認為自己比別人有能力嗎？
11. 你對自己的外表滿意嗎？
12. 聚會上，如只有你一個人穿得不正式，你會感到不自然嗎？

13. 你很受別人歡迎嗎？
14. 你認為自己很有魅力嗎？
15. 你有幽默感嗎？
16. 你能充分發揮自己的專長嗎？
17. 你懂得搭配衣服嗎？
18. 危急時，你很冷靜嗎？
19. 你與別人合作和諧嗎？
20. 你認為自己只是個尋常人嗎？
21. 你經常希望自己長得像某某人嗎？
22. 你經常羡慕別人的成就嗎？
23. 為了不使親人難過，你會放棄自己喜歡做的事嗎？
24. 你會為了取悅別人而打扮嗎？
25. 你勉強自己做許多不願意做的事嗎？
26. 你的個性很強嗎？
27. 你任由他人來支配你的生活嗎？

28. 你認為你的優點比缺點多嗎？
29. 你經常跟人說抱歉嗎？即使在不是你的錯的情況下。
30. 如果在非故意的情況下傷了別人的心，你會難過嗎？
31. 你希望自己具備更多的才能和天賦嗎？
32. 你經常聽取別人的意見嗎？
33. 在聚會上，你經常等別人先跟你打招呼嗎？
34. 你認為自己是個成功的人嗎？
35. 你對異性有吸引力嗎？
36. 你的記憶力很好嗎？
37. 買衣服前，你通常先聽取別人的意見嗎？

評分標準

第1、4、10、11、13、14、15、16、17、18、19、26、34、35、36題，答「是」計1分，答「否」計〇分；其餘各題答「是」計〇分，答「否」計1分。

測試結果

分數為25~40分

你對自己信心十足，明白自己的優點，同時也清楚自己的缺點。不過，在此警告你一聲：如果你的得分將近四十分的話，別人可能會認為你很自負，甚至氣焰太盛。你不妨在別人面前謙虛一點，這樣人緣才會好。

分數為12~24分

你對自己頗有自信，但是你或多或少缺乏安全感，對自己產生懷疑。你不妨提醒自己，在優點和長處各方面並不輸人，特別強調自己的才能和成就。

分數為11分以下

你對自己顯然不太有信心。你過於謙虛和自我壓抑，因此經常受人支配。從現在起，盡量不要去想自己的弱點，多往好的方面去想，先學會看重自己，別人才會真正看重你。

弱點29

衝動：無法理性掌控的情緒

謹慎比任何智慧使用得更頻繁。日常生活中的草率事件使它發揮作用，對微小的事情產生影響。——塞繆爾・詹森

人是感情的動物，表達情緒無可厚非，但如果不加控制地任意表達，就成了一時衝動的宣洩，衝動的人無法冷靜理智的思考問題，總是會做出許多自己也不曾想過的事情。

- 性格暴躁，對事物往往有爆發性反應，且行為爆發後不可遏制。
- 辦事魯莽，缺乏自制、自控能力，易與他人發生衝突和爭吵，稍有不合便大打出手，不計後果。
- 判斷分析能力差，容易被人教唆慫恿，嚴重者對他人和社會表現出敵意、攻擊和破壞行為。
- 人際關係強烈而不穩定，與人關係時而極好，時而極壞，幾乎沒有持久的友人。

只圖一時之快禍害無窮

大多數成功者，都能夠把情緒控制得收放自如。如果控制不住自己的情緒，隨心所欲，就可能帶來嚴重後果。

早晨八點是上班的高峰期，李明開車去上班，由於車流量大，眼看就要遲到。車龍好不容易向前移動了些，前面的司機偏偏像睡著了一樣，絲毫不動彈。李明開始冒火，拚命地按喇叭，可是前面的司機依然不為所動。李明氣極了，握住方向盤的手開始發白，彷彿緊緊地卡住前面司機的脖子，額頭開始冒汗，心跳加快，滿臉怒容。真想沖上去把那個司機從車裡扔出來！

他簡直無法控制自己了，車還是停滯不前，他終於衝上前去，猛敲車門，結果前面的司機也不甘示弱，打開車門，衝了出來。就這樣，一場惡鬥在大街上開始了，結果李明打斷了那個人的鼻樑，犯了故意傷害罪。等待他的將是法律的嚴懲，不僅沒趕上上班時間，反而連工作也徹底丟了，這一切都是衝動造成的。

培根說：「衝動，就像地雷，碰到任何東西都一同毀滅。」如果你不注意培養自己冷靜理智、心平氣和的性情，培養交往中必要的沉著，一旦碰到「導火線」就暴跳如雷，情緒失控，就會把你最好的人生全都炸掉，最後只會讓自己陷入自戕的囹圄。

危急時刻，冷靜有效地處理問題

「泰山崩於前而面不改色，麋鹿興於左而目不瞬。」遇事鎮定、冷靜是一種良好的心理素質，不失為大家風範。

東晉宰相謝安的鎮定自若被世人廣為流傳，在強大的前秦兵臨淝水時仍鎮定自若，與客人下圍棋。

當他的侄子謝石、謝玄擊退秦軍後，他平靜地對客人說：「孩兒們已破賊。」在危機發生的時刻，只有讓自己保持頭腦的清醒，才能夠讓自己在危急關頭做出正確的決策，當機立斷、付出行動，才能有效處理問題。

英國知名偵探小說女作家阿嘉莎・克莉斯蒂，有一次參加晚宴回家時，遇到了搶劫。一個高大男子手持尖刀衝上來。克莉斯蒂害怕地問：「你，你想要什麼！」強盜倒也十分乾脆地說：「把你的耳環摘下來。」聽到強盜說要耳環，克莉斯蒂緊皺的眉頭舒展了，用大衣領子護住自己的脖子，用另一隻手摘下自己的耳環，一下子把它們扔到地上，說：「拿去吧！那麼，現在我可以走了嗎？」

強盜看到她對耳環毫不在乎，只是力圖用衣領遮掩住自己的脖子，顯然，她的脖子上有一條值錢的項鏈。他沒有彎下身子去撿地上的耳環，而是重新下達了命令：「把你的項鏈給我！」克莉斯蒂用顫抖的手，極不情願地摘下自己的項鏈。強盜一把搶過項鏈，飛也似的跑了。克利斯蒂深深地舒了口氣，原來保護項鏈是假，保護耳環是真，她剛才的表演只不過是為了把強盜的注意力從耳環上引開而已。因為，她的鑽石耳環價值四百八十英鎊，而強盜搶走的項鏈，是玻璃製品，僅值六英鎊。

危急關頭，衝動不僅不能解決問題，反而會帶來不必要的麻煩。唯有保持冷靜的頭腦，審時度勢，尋找正確的方法，是獲得成功的祕訣。

做人最大的難題是管好自己

許多人特別是青少年情緒非常不穩定，自制力較差，往往從理智上想自我錘煉，積極進取，但在感情和意志上控制不了自己。

一個衝動的人，在他做出衝動舉動之前是欠考慮的，憑一時的衝動而先行動，最終導致嚴重的後果，後悔莫及，尤其是血氣方剛的年輕人，最容易衝動，在事後又追悔莫及，因此，我們應該時時刻刻提醒自己一定要改掉衝動的毛病。在此提供一些方法，希望對性格衝動的人改變自己有一定的幫助。

1.自我分析，明確目標

一是對自己進行分析，找出自己在哪些活動中、何種環境中自制力差，然後擬出培養自制力的目標、步驟；二是對自己的欲望進行剖析，揚善去惡，抑制自己某些不正當的欲望。

2.提高動機水準

心理學研究表明，一個人的認識水準和動機水準，會影響其自制力。一個成就動機強烈，人生目標遠大的人，會自覺抗拒誘惑，擺脫消極情緒的影響。無論他考慮任何問題，都著眼於事業的進取和長遠的目標，從而獲得一種控制自己的動力。

3.從日常生活小事做起

人的自制力是在生活工作中的無數小事中培養、鍛煉出來的。許多事雖微不足道，但卻影響到一個人自制力的形成。

4.絕不讓步

培養自制力，要有毫不含糊的堅定和頑強。不論什麼東西和事情，只要意識到不對或不好，就要堅決克制，絕不讓步。如果執行中決定半途而廢，會嚴重削弱自己的意志。

5.進行自我暗示和激勵

自制力在很大程度上就表現在自我暗示和激勵等意念控制上。意念控制的方法有：在你從事緊張的活動前，反覆默念一些建立信心、給人力量的話；在面臨困境或遭遇危險時，利用口頭命令自己要「沉著、冷靜」，以組織自身的心理活動，獲得精神力量。

6. 進行身體放鬆訓練

研究表明，失去自我控制或自制力減弱，往往發生在緊張心理狀態下。若此時進行些放鬆活動或按摩等，可以提高自我控制力。

自我檢視

你是一個衝動的人嗎？

你知道自己是衝動的人嗎？通過這個測試，可以讓你發覺自己一些容易衝動的盲點，並設法去改善。

請從第一題開始回答，選出你較喜歡的選項，再依指示前往下一題繼續回答。

1. 你喜歡游泳嗎？

不喜歡，其實我有一點怕水↓轉到2

喜歡，游泳是唯一讓全身都能活動的運動↓轉到3

2. 如果你必須找人問路，你會選擇問哪類人？

同性或是老一輩的人來問路↓轉到4

不會特定，或是找長相好的異性來問路↓轉到5

3.如果你正要出門，碰巧下大雨，你會怎麼辦？

還是出門，難得老天爺掉眼淚↓轉到4

算了，乾脆等雨停了再出去好了↓轉到7

4.夏天天氣實在太熱了，這時一瓶清涼的飲料出現在你面前，你會怎麼喝？

當然是一口氣把它喝完、喝幹↓轉到8

還是慢慢喝，總有喝完的時候↓轉到6

5.如果不小心讓你遇上一場血淋淋的車禍，你可能有什麼反應？

會有點不舒服，可還是會繼續看↓轉到6

會感覺噁心，轉頭就走↓轉到7

6.如果經濟能力許可，你會選擇怎樣的穿著？

會買好一點的衣服，但不會刻意追求名牌↓轉到9

應該會買名牌，那畢竟質感好且較有保障↓轉到10

7.你是否常常忘記鑰匙放在哪兒或忘了拿？

是，感覺上次數還不少↓轉到9

幾乎很少，平時多會特別留意↓轉到11

8.你是不是曾經為了偶像出現戀情而難過不已？

心真的很痛，沒想到他竟然就這麼被「搶」走了↓轉到9

還好，一開始就知道彼此不可能，影響應該不會太大↓轉到10

9.你是否有美術天分？

沒有，不是美術白癡就不錯了↓A型

有，雖然沒受過訓練，但總覺得有那麼一份美感↓轉到10

10.你看電視時，是否很容易就跟著入戲？

是啊，明知道是假的卻還是會哭↓C型

還好，能感動我的戲劇其實並不多↓轉到11

11.獨自一個人住，你在家裡會穿什麼樣的衣服？

反正沒人知道，什麼樣的衣服都無所謂↓B型

不會太隨便，還是會維持一下形象↓D型

測試結果

A型：非常小心的人

你衝動指數不高，受人影響的指數卻不低，所以極有可能會在別人的慫恿下做出意想不到的事。

B型：外冷內熱的人

你是一個外冷內熱的人，當你與不認識的人相識之初，會讓人有一種嚴肅感。一旦認為對方可以信任的時候，你甚至會將家中私事告訴對方。小心，這種「熟悉就會讓你變得衝動」的血液可能會讓你受騙上當。

C型：活潑開朗的人

由於你常常會在不知不覺中將一些不該說的話脫口而出，久而久之，朋友們會認為你挺衝動的。

D型：善於思考的人

你衝動的指數非常低，是個值得信賴的朋友。只不過，防禦心強的你看起來朋友雖然很多，卻比較缺少談心的人。

弱點30

自私：一味爭取最利己的東西

自私的心靈是會飽嘗它應得的苦痛的。——B・K・S・艾揚格

自私是人的本性，但我們要知道，我們在社會中，就是社會性動物，沒有誰能夠獨立生活。人與人之間少不了交往，我們也總有用到別人幫忙的時候。所以，不要吝嗇分享你的東西，有時只是一杯小小的可樂，都可以讓你擁有一個朋友。

- 以自我為中心，不為別人著想，認為別人和世界都應圍著自己轉。
- 自私的人過分關注自我，當涉及個人利益時，他絕對不會做出半點讓步。
- 不講公德心，隨地吐痰、亂丟垃圾；平時在家把音響開得震天響，以致打擾鄰居。
- 凡事不願與人分享，有好的學習方法也不肯與同學交流。
- 在別人來請教問題時，表現得敷衍了事。

世界越來越緊密，幫人等於幫自己

俗話說：「人不為己，天誅地滅。」這句話成了自私的最好藉口。人雖然不全是為別人而活，但也絕不是只為自己。如果人一味地爭取最有利於自己的東西，往往事與願違。

一名很壞的農婦死了，她生前沒做過一件善事，鬼把她抓去，扔到火海裡。守護她的天使站在那兒，心想：我得想出她的一件善行，好去對上帝說情。

祂想啊想，終於回憶起，就對上帝說：「她曾在菜園裡拔過一根繩，施捨給一個女乞丐。」上帝說：「你就拿那根繩，到火海邊去伸給她，讓她抓住，拉她上來。如果能把她從火海裡拉上來，就讓她到天堂去。如果繩斷了，那女人只好留在火海裡。」

天使跑到農婦那，把繩伸給她，對她說：「喂，女人，你抓住了，等我拉你上來。」他開始小心地拉她，差一點就拉上來了。

火海裡其他罪人也想上來，女人用腳踢開他們，說：「人家在拉我，不是拉你們；那是我的繩，不是你們的。」

她剛說完這句話，繩就斷了，女人再度掉進火海，天使只好哭泣著走了。

農婦後來才知道，這繩其實是可以拉許多人的，上帝想借此再次試煉她，但她未通過測試。

每個人都有自私的一面，這是人天性中的缺陷，但這種缺陷並非無藥可救，我們應該時刻想著：自己對別人的態度，就是別人對我們的態度，如果我們因為自私而拋棄別人，那別人也一定會拋棄我們！

自私會奪走你的幸福

為保護自己，人總是築起一道特別的「籬笆牆」。結果，別人走不進來，自己也走不出去，這道無形的籬笆牆就是自私。

從前，有兩位很虔誠、要好的教徒，決定一起到遙遠的聖山朝聖。兩人背上行囊，風塵僕僕地上路，誓言不達聖山，絕不返家。

兩位教徒走了兩個多星期後，遇見一位白髮年長的聖者。聖者得知這兩位虔誠的教徒要前往聖山朝聖，就十分感動地告訴他們：「從這裡距離聖山還有十天的腳程，但是很遺憾，我在這十字路口就要和你們分手了。而在分手前，我要送給你們一個禮物！什麼禮物呢？就是你們當中一個人先許願，他的願望一定會馬上實現；而第二個人，就可以得到那願望的兩倍！」

此時，其中一教徒心裡想：「太棒了，我已經知道我要許什麼願，但我不要先講，因為如果我先許願，我就吃虧了！」另一教徒也自忖：「我怎麼可以先講，讓我的朋友獲得加倍的禮物呢！」於是，兩位教徒開始客套推辭一番後，接著開始不耐煩起來。「你幹嗎！你先講啊！」「為什麼我先講？我才不要呢！」

兩人推到最後，其中一人生氣了，大聲說道：「喂，你真是個不識相、不知好歹的人，你再不許願的話，我就把你的狗腿打斷、把你掐死！」

另外一人一聽，沒有想到他的朋友居然變臉。於是，這教徒把心一橫，狠心說道：「好，我先許願！我希望——我的一隻眼睛瞎掉！」

很快，這教徒的一隻眼睛馬上瞎掉，而與他同行的朋友，兩個眼睛也立刻瞎掉了！

古羅馬哲學家盧克萊修說：「自私是人類的一種本性，高尚者和卑劣者的區別在於：前者能夠克制這種本性而代之以無私的給予，而後者則任其肆意橫行。」

自私是一種極端利己的心理，只計較個人得失，不講公德；更有甚者會為私欲鋌而走險，最後受到法律的制裁，自私也是誘發貪婪、嫉妒、報復等病態心理的根源。

懂愛的人不自私

自私是萬惡之源，貪婪、嫉妒、報復、吝嗇、虛榮等社會心理從根本上講都是自私的表現。

自私心理的自我調適有方法如下：

1.**經常進行自我反省**

自私常常是一種下意識的心理傾向，要克服自私心理，就要經常對自己的心態與行為進行自我觀察。觀察時要有一定的客觀標準，即社會公德與社會規範。要向一些正直無私的人學習。

2.**多做一些貢獻的事情**

一個想要克服自私心態的人，不妨多做些利他行為。如關心和幫助他人，給希望工程捐款，為他人排憂解難等。私心很重的人，可以從讓座、借東西給他人這些小事情做起。

3.**多為別人著想**

自私的人總是有很強的佔有欲，獨佔，被自私者認為是最明智的選擇。然而，令人感到可悲的是，原本就沒人和他搶，是他自己的思想在作怪。當自己有蛋糕時，懂得與別人分享，當別人有困難時，懂得善待他人，給別人力量，還能使自己在精神上得到滿足，何樂而不為呢？

4.**迴避性訓練**

凡下決心改正自私心理的人，只要意識到自私的念頭或行為，就可用縛在手腕上的橡皮筋彈一下自己，從痛覺中意識到自私是不好的，促使自己糾正。

5.**學會節制**

私欲，能否連根剷除呢？不能。世界上還沒有這種一勞永逸的良方。如何防止私欲發作呢？有人說，只能節制。蘇東坡給自己立下一條規矩：「苟非吾之所有，雖一毫而莫取。」他給自己訂下明確的原則：君子愛財，取之有道。不義之財，分文不取。

自我檢視

你是一個自私的人嗎？

1.家裡只有一個蘋果了，你會怎麼辦？

A與家人分享。

B獨自享用。

2.辦公室裡的地很久沒有打掃了，你會怎麼辦？

A主動打掃。

B讓別人去掃。

3.主管公開表揚其他同事時，你會有什麼感覺？

A很高興。

B沒感覺。

4.現在你的皮夾裡有多少錢？

A不知道，不過肯定夠用。

B知道有多少錢，甚至幾毛錢都記得。

5.辦公室的窗戶被風吹開了，你會怎麼辦？

A主動去關上。

B假裝沒有看見。

6.水壺裡的水燒開了，你會怎麼做？

A主動去關。

B等其他人去關。

7.辦公室裡的掃帚倒在了門口，你會怎麼做？

A主動扶起它。

B不管它。

8.你坐在公共汽車上，遇到老弱病殘孕乘客沒有座位，你會怎麼辦？

A主動給他們讓座。

B假裝沒有看見。

9.有人暈倒在路邊，你會做些什麼？

A送他去醫治。

B視而不見。

10.你會為別人的利益而犧牲自己的利益嗎？

A會。

B不會。

評分標準

選擇「A」得1分，選擇「B」得2分。

測試結果

如果得分在14~20分之間，說明你有比較嚴重的自私心理；得分在1~13分之間，說明你的自私心理別人還可以容忍。

弱點31

因小失大：為了芝麻丟掉西瓜

完成一幅完美的畫卷很難，需要每一細節都完美；只要一個細節沒有畫好，整幅畫卷就會功虧一簣。人生在世也是如此，有時一個細節就會改變你的命運。——巴爾塔沙·葛拉西安

許多人都有個嚴重的弱點，因為事小而不屑去做，對待事情常不以為然，抱有嚴重的輕視態度。為了芝麻大小的事，卻丟掉了個大西瓜。最後大事做不來，小事也沒完成，終究一事無成。

- 總說大話，卻很少付諸行動。
- 忽視細節，做事粗糙。
- 沒有能力，卻總是想做自己能力之外的事情。
- 經常抱怨，不能體諒別人。

不要被小事牽著鼻子走

為小事抓狂，是很多人都有的情緒，也正因為這樣，往往會因小失大。學會控制好自己的情緒，你才能成為人生的勝利者。

非洲草原上，有一種不起眼的吸血蝙蝠，牠身體極小，卻是野馬的天敵。這種蝙蝠靠吸動物的血生存。在攻擊野馬時，常附在野馬腿上，用鋒利的牙齒迅速、敏捷地刺入野馬腿，然後用尖尖的嘴吸食血液。野馬往往是在暴怒、狂奔及流血中死去。

動物學家們百思不得其解，小小的吸血蝙蝠怎麼會讓野馬斃命呢？於是，他們進行了一次實驗，觀察野馬死亡的整個過程。結果發現，吸血蝙蝠所吸的血量是微不足道的，遠遠不會使野馬斃命。動物學家們在分析此一問題時，一致認為野馬的死亡，與牠暴躁的習性和狂奔所致。

一個陽光的人，必定能控制住自己所有的情緒與行為，不會像野馬那樣為一點小事抓狂。當你在鏡子前仔細地審視自己時，你會發現自己就是你的最好朋友，也是你的最大敵人。

美國研究應激反應的專家理查・卡爾森說：「不要讓小事情牽著鼻子走。」他說：「要冷靜，要理解別人。」

小事不是小人物的事

或許在在許多人眼中，大人物總是和大事件聯繫在一起，小人物總是和小事情聯繫在一起。有的人一輩子也不會做一件大事，但是，無論大人物還是小人物，都會和一件又一件的小事發生關係。

美國前國務卿鮑威爾是威望很高的將領和領導人，他就把「注重小事」當成人生信條，而另一位美國人，世界上唯一依靠股市成為億萬富豪的華倫・巴菲特也認為一個人要取得成功必須先做好工作中的每一件小事。

二十世紀世界四位最偉大的建築師之一密斯・凡・德羅，在被要求用一句最概括的話來描述他成功的原因時，他只說了「魔鬼藏在細節裡」。他反覆強調，不管你的建築設計方案如何恢弘大氣，如果對細節把握不到位，就不能稱為一件好作品。細節的準確、生動可以成就一件偉大的作品，細節的疏忽會毀壞一個宏偉的規劃。

工作中注重細節，就表明有一種強烈責任感的敬業精神。沒有從細微處做起的敬業精神，眼高手低，小的不能幹，大的不能做，豈能成就大事。

把每一件小事都當做大事來做

很多時候，「成功」就是做一些在常人眼中看起來是「小事」的事，這些小事往往太唾手可得，大多數人卻不屑一顧而與成功擦肩而過。

反過來說，「成功跡象」也會裝扮成聖誕老人，來考驗一些既得利益者，看著你撿了芝麻，然後捧出西瓜。總之，成敗都關乎你對小事的處理，你應該如何處理一些小事情呢？

1認真對待，不打馬虎眼

小事雖然小，卻在關鍵時刻有決定性的作用，所以要養成一絲不苟的習慣，認真做好每件事情，不論大小。

2鍛煉自己的洞察力

有敏銳的洞察力，才能保證自己不錯過一些有價值的細節，細節都是細微的小事，可是只要發現並且處理好，就是十分有意義的事了。

自我檢視

你是一個注意細節的人嗎？

進行下面的測試，或許對你的行為有一定幫助。請按照直覺作出選擇。

1.進入某個公司時，你：

A注意桌椅的擺放。

B注意用具的準確位置。

C觀察牆上掛著什麼。

2.與人相遇時，你：

A只看他的臉。

B悄悄地從頭到腳打量他一番。

C只注意他臉上的個別部位。

3.你從自己看過的風景中記住了：

A色調。

B天空。

C當時浮現在你心裡的感受。

4.早晨醒來後，你：

A馬上就想起應該做什麼。

B想起夢見了什麼。

C思考昨天都發生了什麼事。

5.當你坐上公共汽車時，你：

A誰也不看。

B看看誰站在旁邊。

C與離你最近的人搭話。

6.在大街上，你：

A觀察來往的車輛。

B觀察樓房的正面。

C觀察行人。

7.當你看櫥窗時，你：

A只關心可能對自己有用的東西。

B也會看看此時不需要的東西。

C注意觀察每一件東西。

8.如果你在家裡需要找什麼東西，你：

A把注意力集中在這個東西可能放的地方。

B到處尋找。

C請別人幫忙找。

9.看到你的親戚、朋友過去的照片，你：

A激動。

B覺得可笑。

C盡量了解照片上都是誰。

10.假如有人建議你去參加你不會玩的遊戲，你：

A試圖學會玩並且想贏。

B藉口等過一段時間再玩，而婉拒參加。

C直言你不玩。

11.你在公園裡等一個人，於是你：

A觀察周圍經過的人。

B看報紙。

C想某些事。

12.在滿天繁星的夜晚，你：

A努力觀察星座。

B只是一味地看天空。

C什麼也不看。

13.你放下正在讀的書時，總是：

A用鉛筆標出讀到什麼地方。

B放個書簽。

C相信自己的記憶力。

14.你記住領導的：

A姓名。

B外貌。

C什麼也沒記住。

15.你在擺好的餐桌前：

A讚揚它的精美之處。

B看看人們是否都到齊了。

C看看所有的椅子是否都放在合適的位置上。

評分標準

A選項：1、5、7、15題計3分，2、6、9題計5分，3、4、8、10、11、12、13、14題計10分。

B選項：4、6、9、14題計3分，3、5、7、8、10、11、12、13題計5分，1、2、15題計10分。

C選項：2、3、8、10、11、12、13題計3分，1、4、14、15題計5分，5、6、7、9題計10分。

測試結果

100～150分，說明你是一個很有觀察力的人。同時，你能分析自己的思想和行為，也能夠比較準確對他人作出判斷。

75～99分，說明你具有相當敏銳的觀察力，但是對別人的評價有時帶有偏見。

45～74分，說明你對別人隱藏在外貌、行為方式背後的東西不關心，你在交往中不會產生什麼心理障礙。

45分以下，說明你不太關心周圍人的內心世界，你甚至連分析自己的時間都不多，因此你有自我中心傾向，這在你的人際交往中可能會帶來障礙，所以要開始培養從別人的角度看問題的習慣。

弱點32

說謊：將真相用袋子「套」起來

有時，真情告白、坦率無忌是一種傷害，我選擇謊言。——佚名

謊言或利己、或損人，不論出於什麼原因，說謊都是不好，說謊話會將真相掩蓋起來，那樣被欺騙的人就會受傷害。說謊的人總想將真相用個袋子套起來，不讓人看見。但最終的結果，卻往往是套住了自己。

- 面對長輩較高的期望，無法達到時，便會利用撒謊，來脫離長輩為自己設置的框架。
- 透過惡作劇，看到別人相信的眼神，便習慣說謊。
- 當過分的要求得不到滿足時，有人開始不斷編造理由，用說謊的方法獲得金錢或其他想要的東西。
- 為了吸引別人注意，讓別人對自己另眼相看。

謊言就像滾雪球，越滾越大

盧梭是法國著名的革命家、哲學家，但他小時候卻做過一件令他十分懊悔的事。

盧梭為了生存，經人介紹，到一個有錢人家裡打工。一天，這家的女主人去世了，家裡非常混亂。盧梭乘機偷拿了這家小姐的一條繡帶，誰也沒看到。盧梭當時是覺得好玩才拿，也沒有特意藏起來，但不久就被發現了。

老管家把盧梭叫到跟前，拿著那條繡帶問盧梭：「這繡帶是哪來的？」

盧梭當時非常緊張，猶豫著說：「是馬里翁送給我的。」

馬里翁是家裡的廚娘，比盧梭大幾歲，不但人長得漂亮，而且乖巧、誠實。大家都很喜歡她。聽說是馬里翁偷了繡帶，大家都不相信。

於是，管家又把那姑娘叫來，讓她和盧梭當面對質。盧梭由於做賊心虛，指著馬里翁搶先大聲說：「就是她！是她把那個東西送給我的。」

馬里翁吃驚地瞪大眼睛看著盧梭，好半天才說：「不是的，管家，我根本不知道這件事，我也沒見過這條繡帶。」

盧梭仍硬著頭皮說：「妳撒謊，是妳送給我的。」

馬里翁用一雙無辜的眼睛看著盧梭，說：「盧梭，求你說實話，可不要因為一條繡帶斷送了我的前途啊！」

盧梭知道這樣誣陷他人是不對的，可是又不好意思反悔，只好繼續指控馬里翁。

馬里翁很氣憤，對盧梭說：「我原來以為你是好孩子，想不到你是個愛撒謊的孩子。我看錯你了。」

馬里翁轉過頭去，繼續為自己辯解，也不再理會盧梭。

由於兩人都不承認偷拿了繡帶，管家只好將兩人都辭退，並且說：「撒謊者的良心是會懲罰罪人，會為無辜的人討回公道。」

老管家的預言應驗了，盧梭從此受到良心強烈譴責。他時常會想起那雙無辜而善良的大眼。

盧梭沒勇氣承認自己的錯誤，反而錯上加錯，誣陷了善良無辜的馬里翁，這使得他終生都承受著內心的煎熬。

愛會包容善意的謊言

真誠、善良，並不是要與謊言相違背，只要這謊言是出於愛，那麼它也是善的。

一八四八年，一聲刺耳的槍聲打破了美國南部一個小鎮的沉寂。鎮上的警長和年輕員警聽見槍聲馬上奔向出事地點。他們趕到現場，看見一位青年人倒在臥室裡，頭下一攤血跡，旁邊的地板上有支手槍，桌上有份剛寫下的遺書。原來，他追求的少女昨天與一個男人結婚了。

這時一直緊鎖眉頭的警長突然大聲說：「這不是自殺，是一起謀殺。」說完在死者身上摸了一陣子，回頭問圍觀的人群說：「你們可曾看見他的銀錶？」

鎮上所有人都認得那塊銀錶，是少女送給死者的信物。警長站起身，若有所思地對大夥說：「要是你們都沒看見，一定是被兇手拿走，更可以肯定這是謀財害命。」

處理完現場，警長滿懷信心地說：「只要找到那塊銀錶，就能夠抓住兇手。」

年輕員警對警長敏銳的觀察力很欽佩，一走出那房子就問：「警長，我們怎樣才能找到那塊錶呢？」

警長露出一絲奇怪的微笑，將手伸進口袋，慢慢掏出一塊銀錶。年輕員警嚇呆了，問道：「這是怎麼回事呢？這年輕人肯定是自殺，可你為什麼要說他是被謀殺的。」

警長嚴肅地說：「這樣一說，死者家人就不用為他的靈魂擔心。大家也不會用異樣的眼光檢視他們。而且當他們的悲痛過去後，還能像正常的家庭一樣生活。」

「可是，警長，你說了謊，這是違背真理的。」

警長嚴厲地盯著年輕警員，一字字地說：「年輕人，那家人的生活比真理重要百倍。出於善意說的謊言，真理也是可原諒的。」

「撇開道德的標準，謊言是一種智慧。」的確，說謊也是種技巧。但美麗的謊言出於善良和真誠。善意的謊言不是以利己為目的，這時說出的謊言，飽含真誠，散發出溫暖的光輝，能讓說謊者與被「騙」者共用歡愉。

真誠是人人必備的美德，它不排除善意的謊言，只要你掌握一定的原則，你所製造的謊言會比你的真誠更能贏得別人的心。

適當的謊言是生活的「調味品」

許多人把說謊、欺騙視為一種手段，他們相信說謊、欺騙會給自己帶來好處。但人不可能靠說假話獲得朋友，更不可能靠說假話贏得成功。撒謊是隱瞞不了事實的，當一個人被謊言愚弄後，他會感到被愚弄的恥辱。不誠實、狡猾正反映了這種惡劣品德為社會所不容。

卡耐基在《人際交往藝術》書中告訴我們：「你可用一些言詞上的技巧，減少你的承諾，讓你可擁有自己的時間。」因此你不妨在言詞上多下些工夫。

生活中，如果迫不得已，一定要撒謊，那麼你必須注意下列幾個問題。

1. 說出謊言時想想後果

如果為了擺脫尷尬，撒個無傷大雅的小謊也不要緊，但如果為了欺騙別人的感情或錢財，那就千萬不能說謊。

2. 動機要是善意的

謊言的性質不同，一般是由動機的不同決定。善意的謊言，可讓他人心情愉快，或更加努力進取，這是很有價值的。惡意的謊言會傷害他人的心靈，甚至干擾他人的正常生活。

3. 做好謊言被拆穿的準備

任何謊話都無法持久，要做好謊言可能隨時被拆穿的準備，要及時道歉，講明緣由，請求別人的原諒。

自我檢視

你是一個容易說謊的人嗎？

在奇幻的世界中，長了一棵恐怖的樹，因為它有一個血盆大口，可以把人給吞下。你認為這棵樹是用了什麼方法來讓人接近，進而捕食的呢？

A用美妙的歌聲使人心醉。

B模仿對方戀人的聲音。

C散發迷人的香氣。

D利用飛翔在它周圍的小鳥使者。

E什麼都不做，只是靜靜等待好奇的人。

測試結果

選A的人：往往為了討人歡心而撒謊。很多事情你都有可能加油添醋。

雖然這並不算是什麼惡意的謊言，但如果謊言逐漸擴大的話，就容易在眾人面前丟臉。即使你沒有說謊，有很多事也會因為過分地誇大而讓對方有所了解。

所以，你對於任何事情都要謹言慎行。

選B的人：是用認真的態度在說謊，而且往往是個撒謊高手。

其謊言不管是善意還是惡意，在還沒被揭穿之前，很少會有人因此而受傷。但謊言一旦被識破，傷害在所難免。所以，為了自己的人格與聲譽，即使只有千分之一被識破的可能，也絕對不可以撒這類謊，免得自討苦吃。

選C的人：是屬於不會利用謊言去傷人的人。

正因為不善於說謊，所以只要你說謊，就容易會被別人看穿，也因此許多時候你的名譽不但不會受損，反而會有很多人認為你這樣子有點可愛。

選D的人：你有撒謊時喜歡找替罪羊的傾向。

為了使謊言變得有說服力，你是否常使用「因為某某人說……」或者「從某某人那裡聽來的……」等語句呢？如此一來，當謊言被識破時，那個人的信用也跟著受到影響。所以，當你在編織謊言時，這個責任應該由你一個人來承擔，如果把別人也捲入你的謊言中，那就太令別人難堪了。

選E的人：生活中的你，忠厚老實，絕少撒謊。

正因為最痛恨的就是欺騙別人，所以即使對方不想聽的事實，你也毫不隱瞞地和盤托出，結果通常是傷人很深。因此，說大實話有時也得看情景，面對病入膏肓的患者、戀愛受挫的失戀者，必要時你也要機靈地撒個小謊。

弱點33

拖延：從暖春等到寒冬

人擁有的東西沒有比光陰更貴重、更有價值的了，所以千萬不要把今天所做的事拖延到明天去做。——貝多芬

生活中有一些人在做事的過程中養成拖延的習慣，放著今天的事情不做，非得留到以後去做。其實，在拖延中耗去的時間和精力，就足以把今日的工作做好。

- 喜歡拖拖拉拉，不到最後一秒不去做事情。
- 喜歡訂定目標，但從來不會按期完成。
- 瞻前顧後，跨不出行動的腳步。
- 總活在自己的世界裡，告訴自己還有明天，但到了明天，又推到下一個明天。

拖延會折斷起飛的翅膀

生命很快就過去，好時機不會出現兩次，必須當機立斷，不然就永遠別要。理想和現實並不遙遠。如果下定決心立刻去做，就能抓住機會讓希望實現。

從前，雞和鷹在一起生活。

有一天，老鷹說：「咱們倆飛上天吧，天空非常美麗，可以看到地上的一切。」

「我連十步遠的地方都飛不了，怎能飛上天呢？」雞膽怯地說。

「這是因為我們的翅膀還不硬。俗話說，『百煉成鋼』，只要咱們好好訓練，一定能飛上天。」老鷹鼓勵著雞。

這樣，雞和鷹在一起練習飛翔。雞懶惰又沒毅力。而老鷹，不怕苦不怕累，只要飛到空中，就不輕易下來。

雞抬頭看著老鷹在空中練習飛翔，心想，唉！老鷹飛上去啦！我要是有本事，也要像牠一樣飛上天，接著又說道：「我也要飛上去！不過，今天累了，明天再練。」

就這樣一日過一日，直到現在雞還是無法飛上天。

我們也總想偷懶，總想把今天的工作留到明天做。今天該付出的沒付出，到了明天，也只能望空長歎：我何時才能在空中翱翔呢？也許是明天吧。

不要躺在拖延的溫床上

拖延是阻礙人們成功的溫床，會滋生懶惰、逃避等不良情緒。只有離開拖延這張溫床，人們才能更接近成功。

查理斯是一個打獵愛好者，他最喜歡帶著釣竿和獵槍步行五十里到森林裡，過幾天後再回來，筋疲力盡、滿身污泥，卻快樂無比。

這一嗜好唯一的不便，就是他是一名保險推銷員，因此打獵釣魚太花時間了。有天，當他依依不捨地離開心愛的鱸魚湖，準備打道回府時，突發異想：在這荒山野地裡會不會也有居民需要保險呢？

結果他發現果真有這種人：他們是阿拉斯加鐵路公司的員工。他們散居在沿線五十里各段路軌附近。可不可以沿鐵路向這些鐵路工作人員、獵人和淘金者拉保險呢？

查理斯就在想到這個主意的當天開始積極計畫。他向旅行社打聽清楚後，立即整理行李準備出發。

查理斯沿著鐵路沿線開始了他的工作。很快他就成為這些家庭中最受歡迎的人。不但如此，他還學會理髮，替當地人免費服務，並且他無師自通地學會烹飪，由於那些單身漢吃厭了罐頭食品和醃肉，他的手藝自然使他成為最受歡迎的貴客。

同時，他也正做著自己最享受的事，徜徉於山野間、打獵、釣魚，過著自己想要的生活。

今日想到就立刻付諸行動，努力做到，一定不要拖延，因為明日還有新的計畫和新的事情。那些在事業上成功的傑出人士總能克服一般人都會拖延的心態，因為他們知道時間的易逝與可貴。

讓行動決定價值

我們每個人骨子裡都有個壞毛病，喜歡擱著今天的事不做，而想留待明天再做，而在拖延中所耗去的時間、精力，實際上已足夠將那件事做好。

對一位成功者來說，拖延是最具破壞性，也最危險的惡習，會使你喪失主動的進取心。遇事拖拉，你就很容易再次拖延，直到它們變成一種根深蒂固的惡習。

對付拖延，靠近成功的辦法，你可以試試以下幾種方法：

1. 確定一項任務是否非做不可

讓自己明白這項事情的重要性，這樣就會時時提醒自己趕快完成。

2. 確定好處與優勢，立即行動起來

看清楚所要做的事情有何優勢和劣勢，這樣才能更合理安排時間，不會讓自己最後因為手忙腳亂而不去做這事。

3. 養成好習慣

養成今日事今日畢的好習慣。

拖延是一種病，對那些深受拖延之苦的人來說，唯一的辦法就是果斷的行動。否則，這病將成為摧毀勝利和成就的致命武器。

自我檢視

你是一個懶惰的人嗎？

你是否有拖延的毛病，假如你犯了下列兩至三項毛病，可以斷定你有辦事拖延傾向。

1. 因為怕困難而把艱巨的任務拖到最後處理。
2. 臥室、桌椅總是亂七八糟，不清理。
3. 缺乏冒險精神，不願改變環境。
4. 遲遲不能完成自己的任務，或拖泥帶水，點燈熬油開夜車。
5. 遇到棘手或吃力不討好的事情便頻頻生病，或遭遇輕微意外。
6. 受到不公平待遇時，即使自己有道理或有權利申辯，仍忍聲吞氣，避免與人衝突。
7. 經常怨天尤人。
8. 以潑冷水或者挑剌的手法來拒絕接受某項任務。
9. 懷疑健康有問題，卻不肯去檢查身體。
10. 不能全心全意投入學習，而以學習乏味掩飾。
11. 新想法很多，卻從不付諸實踐。

弱點34

愛出風頭：招搖過市，惹人眼紅

慕虛名而處實禍。——佚名

愛出風頭的人大多有著虛榮的心理，他們希望別人羨慕他們，看重他們，但卻不知道出風頭雖然能吸引人的目光，但也會招來禍事，所謂「槍打出頭鳥」便是如此。

- 看到顯貴的人，總想使勁討好，不顧他人看法。
- 高調為人處世，總喜歡喧賓奪主，在人前喜歡表現，尤其是人越多時，越喜歡展示。
- 渴望被人關注。
- 不懂得隱忍，總要擺出一副自以為是的姿態。

顯眼的花草易被折枝

有句話說得好：「出頭的椽子先爛」。這確實是不爭的事實。出頭椽子，總要比不出頭的椽子承受更多的風吹雨打，自然比別的椽子腐敗得早。因此，人在風光盡顯時，要能夠居安思危，用低調的盾甲保護自己。

在一個大葡萄園裡，種著數以千計的葡萄。為了讓葡萄健康地成長，農夫用木柱和竹枝精心地架設了牢固的葡萄架。園中所有的葡萄都把自己的藤蔓爬到農夫特意為它們架設的葡萄架上，唯有一株自以為聰明的葡萄動了怪念頭。

這株葡萄覺得整天和大家擠在一起，不僅沒意思，也無法展現自己的特殊才能。它經過認真考慮和觀察，終於想到一個能表現自己與眾不同的好辦法。

原來，它看到葡萄架附近有棵大樹，想著：我只要爬到那棵樹上去，就可以自由自在地的生活，也不用與大家擠在一起；而且還可以爬得比所有的葡萄藤都高。

夥伴們看到它盤繞到那棵老樹上，都好心勸它說：「這棵老樹有什麼好？它已經老朽不堪，說不定哪天就會倒了，你趕快回到這牢固安全的葡萄架上來吧！」

葡萄藤不但不感謝其他人的關心，還自以為選擇正確。心裡暗自盤算著：只要自己拚命往上爬，就可多吸收些陽光，長得比夥伴們都粗壯；不僅夏天能多結些葡萄，還能活得比所有的葡萄都長久。

有一天，刮起了陣大風，老樹沉痛歎了口氣，「轟隆」一聲便倒下了。而攀附在老樹身上的那棵葡萄也讓倒下的大樹壓死了。

正所謂「顯眼的花草易招摧折」，無論你有怎樣傲人的資本，都沒有炫耀顯露的必要。人發達了，除了自己容易得意忘形之外，也容易成為眾人注目的焦點。因此，越是春風得意時，就越要反躬自省，越是要講究不顯不露，低調做人，唯此，才能有效保護自己。

做對的事，比把事情做對重要

北魏的皇族中，有個名叫可悉陵的人，身材高大、魁梧強壯，又練得一身好武藝，因而很受皇室器重。在可悉陵十七歲那年，北魏皇帝拓跋燾帶著他一塊到山林裡打獵。

一行人在路上說說笑笑，正在興頭上，忽然有人察覺旁邊傳出一陣陣「沙沙」聲，好像有什麼動物在快速行走。說時遲，那時快，叢林中突然躥出一隻猛虎大吼幾聲，吼得地動山搖。人們嚇出一身冷汗，不知如何是好。只聽得可悉陵大喊道：「保護皇上，看我的！」

可悉陵赤手空拳和老虎搏鬥好一陣子。待大家回過神來，彎弓搭箭想要幫忙時，可悉陵卻喊道：「請大家別插手，我一個人就可以了！」大夥只好眼睜睜地看著可悉陵和老虎打鬥，心裡更暗暗為他捏把冷汗。

終於可悉陵制伏了猛虎。但拓跋燾沒有稱讚他，只說道：「我們本來有機會逃走，不跟老虎糾纏，實在走不了，大家一起上，也可以輕易捕捉老虎，但你偏要徒手和老虎單打獨鬥，你的勇敢和謀略確實過人，但應該用來造福國家，而不是浪費在這不必要的搏鬥上。如果有意外，不是太可惜了嗎？」

拓跋燾的話很有道理，可悉陵的行為表面上看似勇猛無比，其實不過是逞匹夫之勇。所以，做對的事，比把事情做對更重要，這樣才能讓人知道你的價值。

低調做人如流水

一個人的能力太強，容易招人妒忌；處處出頭，更容易受打擊。做人做事不能太過羸弱，顯得太無能也會危及自己的生存。做人最重要的是如何為人處事，流水是很好的老師，不論什麼時候，流水都可以做到不溫不火，安安靜靜的流淌。不會為了表現自己，展露出如大海般的波濤洶湧，也不會為了讓大家多看自己一眼，就四處氾濫。

人要像這靜靜的流水一樣，不論在什麼情況下低調做事，才不至於讓自己鋒芒畢露，樹敵太多。

下面是幾條給你的建議：

- 風光時要居安思危，不要過分招搖，以免招來不必要的嫉恨。
- 給自己留餘地，也給別人留有餘地，這樣別人才不會討厭你。
- 收斂起自己的過分言行，不要做出誇張的行為，也不要說出過份的言語。
- 常常反躬自省，反思自己的哪些言行不夠妥當，想一想自己有哪些地方做得不夠好。
- 在比自己能力差的人面前，不要說自己的優點和長處，反而要要謙虛。

自我檢視

你是一個愛表現的人嗎？

1. 你是否參加有危險的體育活動？
2. 你是否願意成為電影導演？
3. 你是否願意當飛行員？
4. 你是否願意出現在現場直播的電視畫面上？
5. 你是否願意成為喜劇演員？
6. 你是否願意在一大群親朋好友面前獨唱一曲？
7. 你是否願意成為一名賽車手？
8. 你能夠組織一場晚會嗎？

	是的	不知道	不是
1	□	□	□
2	□	□	□
3	□	□	□
4	□	□	□
5	□	□	□
6	□	□	□
7	□	□	□
8	□	□	□

9.你是否喜歡跳傘活動？

10.你是出色的公眾演說家嗎？

11.你是否願意從事壓力沉重的金融工作？

12.你願意作為選民代表參政嗎？

13.你願意成為你們鎮的鎮長嗎？

14.你是否勇敢面對欺凌弱小者？

15.你是否願意領導一個登山小組？

16.你是否願意成為馬戲團的表演明星？

17.你是否願意成為電影演員？

18.在足球比賽中，你是否會去踢決定性的罰球？

19.你是否喜歡成為眾人注意的中心？

□	□	□	□	□	□	□	□	□	□	□
□	□	□	□	□	□	□	□	□	□	□
□	□	□	□	□	□	□	□	□	□	□

評分標準

每回答一個「是」得2分，每回答一個「不知道」得1分，每回答一個「不是」得〇分。

測試結果

低於19分

你的得分表明你是一個不愛出風頭的人，而且人們通常會認為你非常羞怯。在許多方面，你是一位害羞的人，而且喜歡保留自己的觀點。有時，當你的確想要表達自己的觀點或者參加交談時，你卻不敢這樣做，因為你擔心別人的想法，尤其是當周圍有好幾個人時。這是你缺乏自信的表現，有時甚至到了有自卑感的程度。

你應當讓自己更自信一些，發揮你的潛能，要敢作敢為，不要瞻前顧後。有時，你應當試著讓自己放輕鬆一點。

20～27分

你的表現欲不強也不弱，儘管你不會尋找機會讓自己處於領導層，但是你不排斥也不害怕接受這種新體驗。

28～38分

你是一個表現欲很強的人。

你是一位非常外向的人，而且渴望成為一名領導者。

你當然不缺乏自信，你總想最大限度實現自己的人生價值。你是每一次晚會的靈魂和生命，你喜歡與人交往和結交新朋友。

儘管許多人會敬佩你的熱情和精力，但是同時你應當注意不要讓自己顯得太出風頭，甚至傲慢自大。如果將你的精力與適當的謙讓，結合能替他人著想，將會給你帶來更大的成功和更多朋友。

弱點35

逃避：臨陣脫逃的選擇

忍耐，不應該成為逃避的推託詞。因為逃避是意志的沉淪和對信念的背叛，但忍耐是意志的昇華和為了使追求成為永恆。——佚名

逃避是一種躲避責任的行為，很多人為了逃脫自己犯下錯誤的懲罰，便選擇逃避，他們保持了自身的良好形象，但逃避只能是一時的，不可能是一世的。逃避的人，時時刻刻都要受到良心的譴責。

- 遇到困難就放棄，臨陣脫逃，絕不會堅持到底。
- 經常向人訴苦，發牢騷，而不是集中精力去解決問題。
- 過分留戀學生生活，害怕步入社會。
- 總喜歡讓別人負責任。
- 不願意離開父母的懷抱。

- 與人爭吵之後，便躲起來，不主動認錯。
- 從不反省自己的錯誤，被責罵時總先挑剔別人的錯誤。

為成功找方法，不為失敗找藉口

人最常做的事就是為失敗找藉口，卻從沒仔細想過，如何為成功找方法，這樣的人總是徘徊在成功門外。

李小姐剛從大學畢業，分配在一個離家較遠的公司上班。每天早上七點，公司的專車會準時等候在一個地方接送她和她的同事們。

一個寒冷的清晨，她關掉鬧鐘後，又在被窩裡躺了一會，她盡可能拖延起床的時間，那個早晨，她比平時遲了五分鐘起床，可是這五分鐘卻讓她付出代價。

當她匆忙中奔到專車等候地點，已經七點過五分，專車已經開走了。站在空蕩蕩的馬路邊，她感到無助和受挫。突然看到公司的那輛藍色轎車停在不遠處的一幢大樓前。她想起曾有同事說過那是老闆的車，她向那車走去，稍稍猶豫後打開車門悄悄坐進去，並為自己的聰明而得意。

為老闆開車的是一位慈祥溫和的老司機。他從反光鏡裡看了看她，轉過頭說：「妳不應該坐這輛車。」

「可是我的運氣真好。」她如釋重負地說。

這時，她的老闆拿著公事包飛快地走來。等老闆在前面習慣的位置坐定後，她告訴老闆說：「公司班車開走了，我想搭您的便車。」她以為這一切都合情合理，所以說話的語氣輕鬆自然。

老闆愣了一下，堅決地說：「不行，妳沒資格坐這輛車。」然後用命令的口氣說：「請妳下去！」她愣住了，接著她用近乎乞求的語氣對老闆說：「可是這樣我會遲到的。」

「遲到是妳自己的事。」老闆冷淡的說著。

他們在車上僵持了一會。最後，老闆打開車門走了出去。坐在車後座的她，呆望著老闆攔下計程車，飛馳而去。淚水順著她的臉頰流下。

老司機輕輕歎了口氣：「他就是這樣一個嚴格的人。時間久了，妳就會了解。」老司機對她說了自己的故事。他說他也遲到過，而且是在公司創業階段，「那天他一分鐘也沒等我，也不聽我解釋。從那以後，我再也沒遲到過。」他說。

從這一天開始，她成長了許多。

每個人都會犯錯誤，尤其是當你精神不佳、承受太沉重的壓力時。偶爾不小心犯錯是很平常的事情，關鍵是犯錯後要用正確的態度面對。「有則改之，無則加勉」，只有放下心靈枷鎖，不再固守所謂的自尊，人才能坦誠面對自己和面對別人。

不怕楣運阻擋，只怕自己投降

其實，逆風的方向，更適合飛翔。「不怕衰神阻擋，只怕自己投降。」一個人無論面對什麼環境，多大的困難都不能放棄自己的信念。很多時候，打敗自己的不是外部環境，而是自己。

現今，日本仍廣為流傳著一個動人的故事：

多年前，一個妙齡少女來到東京酒店當服務員。這是她第一份工作，因此她很努力，暗下決心：一定要好好做！但她沒想到，上司竟安排她打掃廁所！

打掃廁所！實話說，沒人喜歡，況且她從未做過這事，所以她陷入困惑、苦惱中。她面臨著人生的一大抉擇：是要繼續做，或另謀他職？人生之路豈有退堂鼓可打？她不甘心就這樣敗下陣。此時同單位的前輩即時出現在她面前，他幫她擺脫了困惑、苦惱，更重要的是，幫她認清了人生路該如何走。他沒有用空洞的理論說教，只是親自示範給她看。

首先，他一遍遍地抹洗著馬桶，直到洗得光潔如新；然後，他從馬桶裡盛了一杯水，一飲而盡，而且毫無勉強。以實際行動勝過千言萬語，這是極為簡單的真理。

幾十年光陰一晃而過，當年的妙齡少女已是日本政府的主要官員——郵政大臣。野田聖子堅定不移的人生信念，表現出她強烈的敬業心：「就算一生洗廁所，也要做一名最出色的洗廁所人員。」

現實生活中，有人為了躲避痛苦，選擇逃避問題。其實，成長就是要經歷無數挫折與失敗。

一個人可以用四種方法中的一種來對待生命：可以逃跑；可以猶豫不定；可以接受隨波逐流；還可以信仰和目標緊緊抓住生命，超越生命。

結果不言而喻，越是逃避越躲不開失敗的命運，越是敢於迎頭而上，越能品嘗成功的甘甜。

誰都不能逃避責任

避免或逃脫責罰是人類的一種本能。多數人在「有利」與「不利」兩種形勢的抉擇中都會選擇趨利避凶。通過各種「免罪」行為，人們可以暫時脫離責罰，保持良好的自身形象。與其替自己找藉口逃避責難，不如勇於認錯，對自己的行為負起一切的責任。

那麼要怎麼做才能克服逃避心理，成為勇於承擔責任的人呢？

- 克服自己的怯懦心理。很多人逃避責任不是因為沒能力，而是因為內心存在怯懦。因此，要克服逃避心理，必須先克服自己的怯懦心理。
- 告別懶惰。懶惰是逃避者的一大通病，任何懶惰的人都無法獲得成功。
- 無論什麼時候都不要推卸責任，不要遷怒他人。沒能把事情做好，首先要反思自己的過錯和疏忽，然後盡力去改正，而不是挖空心思找到藉口來證明自己沒有錯，更不是將責任推到其他人身上。

自我檢視

你是一個勇於承擔責任的人嗎？

1. 與人約會，你會準時赴約嗎？
2. 你認為自己可靠嗎？
3. 你會未雨綢繆地儲蓄嗎？
4. 出外旅行，找不到垃圾桶時，你會把垃圾帶回家嗎？
5. 遇到麻煩時，你會想方設法為自己開脫嗎？
6. 你永遠將正事做完，再進行其他休閒嗎？
7. 收到別人的來信，你總會在一兩天內就回信嗎？
8. 「既然決定做一件事情，那麼就要把它做好。」你相信這句話嗎？
9. 與人相約，你從來不會耽誤，即使自己生病時也不例外嗎？
10. 你經常幫忙做家務嗎？
11. 自己犯了錯，你會把責任推到別人身上嗎？
12. 你經常拖延工作進度嗎？

13. 碰到困難的事情，你會知難而退或者一推再推嗎？
14. 你會千方百計地逃避自己不願做的事嗎？
15. 你會為工作沒完成，找個合理藉口嗎？

評分標準

1、2、3、4、6、7、8、9、10．題選擇「是」得1分，選擇「否」得0分；5、11、12、13、14、15題選擇「否」得1分，選擇「是」得0分。

測試結果

分數為10~15分：你是個非常有責任感的人。你行事謹慎、懂禮貌、為人可靠，並且相當誠實。

分數為3~9分：大多數情況下，你都很有責任感，只是偶爾會逃避，不是考慮得很周到。

分數為3分以下：你是個完全不負責任的人。你一次又一次逃避責任，導致每個工作都做得不長，手上的錢也老是不夠用。

弱點36

冷漠：事不關己，只願做旁觀者

人是這樣一種動物，他總會把別人對自己的態度「反射」給對方，冷漠如此，熱忱也是如此。——阿·裡恰諾夫

冷漠是指對他人冷淡漠然的消極心態。

冷漠主要表現為對人懷有戒心甚至敵對情緒，既不與他人交流思想及感情，又對他人的不幸冷眼旁觀、無動於衷，顯得毫無同情心。

- 對陌生人甚至親人都懷有不信任的心態。
- 不和人交流，不願聽人傾訴，也不願對人講出自己的心事。
- 對他人的不幸冷眼旁觀、無動於衷、毫無同情心。
- 在別人需要幫助的時候，毫無正義感，不會伸出援手。

冷漠「心牆」，讓人心缺氧枯萎

當今社會裡，人之間的交流越來越少，也越來越冷漠，更談不上彼此的愛護和快樂的分享。一堵無形的心牆拉開了人與人間的距離。

一位建築大師閱歷豐富，一生傑作無數，但他自感最大的遺憾就是把城市空間分割得支離破碎，樓房間的獨立加速了都市人情的冷漠。大師準備過完六十五歲壽辰就封筆，而在封筆作品中，他想打破傳統的設計理念，設計一條讓住戶交流和交往的通道，使人們能充滿大家庭般的歡樂與溫馨。

然而，等大師的傑作實現後，市場反應卻很冷淡，房地產商急了，急忙進行市場調查。調查結果出來，讓大家跌破眼鏡：人們不肯掏錢買這房子的原因，竟是因設計使鄰里間有過多來往多，不利於處理相互間的關係。

大師沒想到自己的封筆之作會落得如此下場，他決定從此隱居鄉下，再不出山。臨行前，他感慨地說：「我只認識圖紙不認識人，是我一生最大的敗筆。」

其實這怎能怪大師呢？我們可以拆除隔斷空間的磚牆，但誰又能拆除人與人間的心牆呢？冷漠是人性的弱點，更是一種罪惡。讓我們遠離冷漠，享受有陽光的世界吧！

打開冷漠的內心，釋放愛

如果你要別人喜歡你，或改善你的人際關係，如果你想幫助自己也幫助他人，請記住這原則：真誠去關心別人。

有兩個重病人同住在一間病房裡。房子很小，只有扇窗可看見外面的世界。其中一個病人的床靠窗，他每天下午都可在床上坐一個小時。另外一個人則終日都躺在床上。靠窗的病人每次坐起來時，都會描繪窗外的景致給另一個人聽。

室友的訴說幾乎使他感覺到自己親眼目睹了外面發生的一切。在一個晴朗的午後，他心想：為什麼睡在窗邊的人可以獨享外面的風景呢？為什麼我沒這樣的機會呢？他越想越不是滋味，也越想換床位。

這天夜裡，他盯著天花板想自己的心事，另一個人忽然醒了，不斷咳嗽，一直想用手按鈴叫護士進來。但這個人只是旁觀沒有幫忙，然後他感覺到同伴的呼吸漸漸停止了。

第二天早上，護士來時那人已停止呼吸，他的屍體被靜靜地抬走了。

過了段時間，這人開口問護士，他是否能換到靠窗的那張床上，當他換過去後，發現窗外有的只是一面白牆。幾天後，他在自責和憂鬱中死去。他看到的不僅是一堵冷漠的牆，還有自己心靈的醜惡。

有時候，我們的過錯並不在於我們做了什麼錯事，而是我們什麼都沒做。當我們的心靈變得冷漠時，這個世界也就失去愛的力量。所以，不論什麼時候，你一定要滿懷愛心。

你需要為你的冷漠付出代價

一九三五年紐約市長拉古迪亞，在一個位於紐約貧民區的法庭上，旁聽了一樁麵包偷竊案的審理。被控罪犯的是個老婦人，被控罪名為偷竊麵包；在訊問到她是否清白、或願意認罪時，老婦人只回答道：「麵包是為了填飽孫子的肚子。」

後來宣判老婦人需受到十天的拘留，這時，市長站起來，請求每人交出五美分的罰金，為彼此的冷漠付費，以處罰我們生活在一個要老祖母去偷麵包、來餵養孫子的城市。

我們也該學習如何消融冷漠，用熱情去溫暖世間。

- 用心去培養熱情，對每件事情都要感興趣，有熱情，學習那些你認為自己會不感興趣的東西，培養興趣，就會驅趕冷漠。
- 與人交往要用心，不要應付了事，只有用心交往，才能交到朋友，才能從朋友的友誼中感受到溫暖，從而不至於冷漠。

- 暗示自己走向群體，並且不斷對自己進行鼓勵，好讓自己不因為害羞而躲起來。
- 走進大自然，消融冷漠，孤獨時，不妨騎上自行車去郊外轉一圈，呼吸一下新鮮空氣，讓它消除胸中的苦悶和憂鬱。
- 用藝術融化內心的堅冰。

自我檢視

你是一個冷漠的人嗎？

根據自己的行為表現，可以檢查一下冷漠心理程度，以便心中有數。仔細回憶一下，最近一個月以來，你經常有下列情況發生嗎？

1. 公司開會時，會找理由不參加嗎？
2. 大家聊天時，只有你獨自一人悶悶不樂嗎？
3. 集體活動時，你會悄悄跑走嗎？
4. 同事有困難時，你根本不理睬嗎？
5. 被邀請參加聚會時，會以各種藉口拒絕嗎？
6. 你會熱情地對待同學和朋友嗎？
7. 親朋有事相求時，你會推辭說沒能力幫忙嗎？
8. 你根本不與同學老師主動交流嗎？

評分結果

上述八個問題，根據結果，可以自測冷漠心理指數。

上述問答，如果回答二個以上「是」的話，說明你有冷漠心理，應該及時調整，逐步走出陰影。

弱點37

恐懼：害怕一切事物

恐懼是世界上最摧折人心的一種情緒。——愛琳諾・羅斯福

恐懼是大腦的一種非正常狀態，它是由人本身的經歷扭曲或傷害引起的。有時我們自己也能意識到這種恐懼是不必要的，甚至能意識到這是不正常的表現，但卻不能控制自己。這種害怕的心理讓許多人不能釋懷，從而喪失了自信心和戰鬥力。

- 對黑暗、僻靜處、高空環境、毒蛇猛獸產生害怕。
- 遇到陌生環境或陌生人會感到手足無措，拘束等狀況。
- 躲避社交，拒絕與太多人有互動。
- 害怕狗、貓、老鼠等小動物，對恐怖片或恐怖圖片也感到害怕，不敢看太久。
- 對商場、百貨公司、登高、仰視高大建築物，乘坐電梯、渡輪及走很深很長的隧道等感到恐懼。

別被恐懼的「魔鬼」附身

恐懼能摧殘一個人的意志和生命，它能影響人的胃、傷害人的修養，進而破壞人的身體健康。它能打破人的希望、消退人的志氣，使人心力衰弱至不能創造或從事任何事業。在《聖經》流傳盛行的時代裡，人們把遭受恐懼折磨的人稱作是被魔鬼附身。

看了下面這個故事，也許從中你就能找出戰勝恐懼這敵人的方法。

衛斯里為了領略山間野趣，一個人來到一片陌生的山林，左轉右轉，迷失了方向。正當他一籌莫展的時候，迎面走來一個挑山貨的少女。

少女嫣然一笑，問道：「先生是從景點那迷失的吧？請跟我來，我帶你抄小路往山下走。」

衛斯里跟著少女穿越叢林，突然少女開口說話了：「先生，前面是我們這兒的鬼谷，是山林中最危險的路段，一不小心就會摔進萬丈深淵。有個不成文的傳說，路過此地，一定要扛點什麼東西，才可順利走過。」

衛斯里驚問：「這麼危險的地方，再負重前行，那不是更危險嗎？」

少女笑著解釋道：「當你意識到危險，才會更集中精神，這樣反而更安全。這兒發生過好幾起墜谷事件，都是迷路遊客在毫無壓力的情況下不小心摔下去。我們每天都挑東西來來去去，卻從來沒人出事。」

衛斯裡冒出一身冷汗，對少女的解釋並不相信。他讓少女先走，自己去尋找別的出路。少女無奈，只好一個人走了。衛斯裡在山間來回繞了兩圈，也沒找到下山的路。

眼看天色將晚，衛斯里還在猶豫不決。後來山間又走來一個挑山貨的少女。極度恐懼的衛斯里攔住了少女，讓她幫自己拿主意。少女沉默著將兩根沉沉的木條遞到衛斯里手上。衛斯里就這樣小心翼翼地走過鬼谷。

過了段時間，衛斯里故意挑著東西又走了一次鬼谷。這時他才發現鬼谷沒有想像中那麼可怕，其實最可怕的是自己心中的「恐懼」。

現實生活中每個人都可能經歷某種困難或危險處境，從而體驗不同程度的焦慮。恐懼作為一種生命情感的痛苦體驗，是一種心理折磨。人們往往並不為已到來的，或正在經歷的事而懼怕，而是對結果的預感產生恐慌。

當人們的心中充滿了恐懼時，就會缺乏自信、盲從，看不清前面的路，也就失去了自我的評判標準。所以，我們一定要忘記心中的恐懼，只有這樣，我們才不會因膽怯錯過太多機遇。

生命是罐頭，膽量是開罐器

恐懼，就是常常預感著某種不祥之事的來臨。這種不祥的預感，會籠罩著一個人的生命，像雲霧籠罩著爆發前的火山一樣。

生命如果是一個罐頭的話，恐懼就是罐頭中的食品，只有用膽量這個開罐器將罐頭打開，才能釋放出恐懼，給自己一個無畏的人生。

傑克住在波士頓的小鎮上，他一直嚮往大海。一次偶然機會，他來到海邊，那裡正籠罩著霧，天氣寒冷。他想：這就是我嚮往已久的大海嗎？他的希望和失望落差很大。他想：我再也不喜歡海了。幸虧我沒當一名水手。在海岸上，他遇見一名水手，交談起來。

「海並不是經常這樣寒冷又有霧，有時，海是明亮而美麗的。但在任何時候，我都愛海。」水手說。

「當一個水手不是很危險嗎？」傑克問。

「當一個人熱愛他的工作時，他不會想到什麼危險。我們家裡的每一個人都愛海。」水手說。

「你的父親正在何處呢？」傑克問。

「他死在海裡。」
「你的祖父呢？」
「死在大西洋裡。」
「你的哥哥呢？」
「當他在印度的一條河裡游泳時，被一條鱷魚吞食了。」
「既然如此，」傑克說，「如果我是你，我永遠也不到海裡去了。」
水手問道：「你願意告訴我你父親死在哪兒嗎？」
「死在床上。」
「你的祖父呢？」
「也死在床上。」
「這樣說來，如果我是你，」水手說，「我永遠也不到床上去了。」
傑克害怕各種意外產生的可能，他這種心理，其實也是我們許多人內心的恐懼。可我們不希望承認自己恐懼，這種恐懼感被我們埋在心底，猶如一個毒瘤。
但恐懼的心理只要加以適當的控制和疏導，也是可以遏制的。

信心是恐懼的天敵

世界上沒有永遠的成功者，也沒有永遠的失敗者。只要不斷嘗試、不斷磨練，我們就能戰勝恐懼。只要有自信，別人能做的我們也能做，自信是我們追求一切的動力源泉。畏懼是人生路上一道深深的壕溝，跨過去你就擁有希望。

成功者並不是經常都能夠擊敗恐懼和憂慮，但重要的是他們能建立自信。一個階段成功後，接著才能想像下一個階段。隨著成功的累積，自信就會成為你性格的一部分。當你有機會做你想做的事時，不要退縮，增強自己的信心，相信你終將攀上成功的頂峰。

克服恐懼主要注意幾個方面：

1. **轉移注意力**

將注意力從令你恐懼的事物上轉移開，減輕內心的恐慌。

2. **採用物理治療法**

通過對肌肉的放鬆和一些心理治療法，可以讓內心的恐懼感減輕。

3. **在身心完全放鬆的狀態下想像或觀看恐懼事物**

觀看令你感到恐懼的事物或影響，逐漸適應，這樣循序漸進，慢慢就會適應，不像先前那樣恐懼。

自我檢視

你是一個容易恐懼的人嗎？

本測試共十題，每題三個備選答案，從中選出適合的一項，請在十分鐘之內完成。

1. 你曾經害怕或敬畏包括雙親在內的長輩嗎？

A對其中之一有過害怕。

B有時會有。

C不記得有。

2. 你總是對某件事存在力不從心的感覺嗎？

A只要遇到困難就會有此感覺。

B當碰到自己完全解決不了的事時會有。

C處理問題從來沒有力不從心的時候。

3. 你害怕過自己將來某天會失業嗎？

A我經常為此擔心。

B有時會。

C從未有過這種擔心。

4. 你很在乎別人對自己形象的看法嗎？

A是的。

B偶爾會。

C別人的看法對我沒任何影響。

5. 面對具有權威的人你有何感受？

A總是感到恐慌，不想多見。

B不願意與其多接觸。

C對他們沒什麼特別的懼怕。

6.你對別人養的小寵物有什麼感覺？

A感到害怕。

B它們讓我有些不自在。

C很可愛，從不害怕。

7.你憂慮過有一天你的親人會離你而去嗎？

A的確，我一直憂慮。

B有時會擔心。

C絕對不可能。

8.你怎樣看待自己的健康？

A我一直害怕自己會得某種難以根治的病。

B我有時會因自己生些小病而憂慮。

C我一直很健康，沒有這方面的憂慮。

9.你一般以什麼樣的心理狀態為自己拿主意？

A總是在擔心會出問題。

B偶爾會有心神不寧之感。

C很自信，認為不會有問題。

10.對任何該做的事情你都能負起責任嗎？

A基本不是，責任能推就推。

B如果應該是我的責任，我都願意承擔。

C我願意負起全責。

評分標準

選「A」得1分，選「B」得2分，選「C」得3分，計算總得分。

測試結果

10～14分：你時常被恐懼心理所打擾。這會讓你的生活少了很多平靜和快樂，你可能因以前的某些失敗，產生了一定的自卑心理，從此幾乎害怕做任何事情。

15～24分：你在一些關鍵場合或面臨重大選擇時會有恐懼心理。這在一定程度上也影響了你的生活。

25～30分：你的心理是健康正向的，是勇往直前、無所畏懼的，你的生活不會被恐懼打擾。

弱點38

抱怨：任何時候都有發不完的牢騷

怨言是上天得至人類最大的供物，也是人類禱告中最真誠的部分。——佚名

生活中，常常會聽到各式的抱怨：抱怨專業不好，抱怨空懷一身絕技無人賞識……抱怨就像瘟疫，傳染著、蔓延著。生活不可能盡善盡美，陽光下也有陰影，關鍵在於你用什麼心態看待。

- 經常發牢騷，將自己的失敗歸咎於外部原因。
- 總是指責他人，認為別人沒將事情做好。
- 易被他人無心之語激怒，尤其在郵件和電話中措辭激烈。
- 對一些不可抗拒的自然狀況不能坦然接受，反而進行埋怨和詛咒。如「天這麼悶，為什麼不下雨呢？夏天就該有夏天的樣子，不下雨算什麼夏天？」當下了雨，他又會說「這鬼天氣，出門路滑，路上堵車……」

- 遇到困難和問題時只會向人訴苦，從不反思自己，更不會及時想辦法解決問題。

過多的抱怨只會得到別人的反感

當遇到不幸的事時，過多的抱怨不僅會令朋友厭煩，甚至會影響自己的生活，失去的越來越多。當一個人開始抱怨時，他能想到的只是自己當初如何不幸，才造成如今的結果，越想越傷心，越想越生氣，當這種情緒不斷蔓延的時候，根本沒心情去做別的事。當抱怨自己生活條件不佳，不僅不能為改善你的生活起任何作用，反而影響到你為自己創造更好條件的機會。

我們常用「萬事如意」、「一切順利」等詞語來表達祝福，但我們也要清醒認知，那只是一個美好的祝福而已，真正的生活不如意之事常發生。

我們不可能保證事事順心，但可做到坦然面對，該放則放，不要把一些垃圾堆在心裡，把牢騷掛在嘴上，周圍的朋友也會覺得你煩人。

換個角度看世界，你不是最倒楣的人

習慣抱怨的人有個共同特點，喜歡說「應該如此」。雖然嘴上不明說，但心中暗唸無數次。簡單地說「應該如此」的意思是「事情理應如我所認為的那樣發生」。他們事事要求公平，要求照自己的意願發展。心中的需求若沒得到滿足，就有一種被作弄和被欺騙感，於是各種抱怨就延伸出。

很多剛踏入社會的年輕人，無論思想或為人處世，都有許多不成熟的地方，卻又敏感異常。他們希望事事做到完美，但當這想法不能實現時，他們就很輕易就陷入不如意，覺得自己是世界最倒楣的人。

有人說，高處有月亮，但你的目標是蘋果，就不必飛得很高。縱然你飛到一萬公尺高空，那麼你既摸不到月亮也看不見蘋果。對月亮來說，一萬米和地面沒區別，而對蘋果來說，沒有那麼高的蘋果樹。所以，學會豁達些，不要用「高標準」來為難自己，卸掉自己背負的沉重包袱，不再折磨自己。

抱怨如鞋裡的沙，需隨時倒掉

有這樣一幅畫面：很多農民坐在田埂上，邊休息邊說話，順手倒掉鞋裡的沙子。沙子進到鞋裡，可想而知做活時既磨腳也費力，所以要倒掉。道理相通，如果生活是一雙鞋，抱怨如同沙子，每天不斷抱怨就等於往鞋裡放沙子，使自己的路更難行。

有個年輕的主婦向自己的朋友抱怨家務的工作「單調乏味」。她更進一步抱怨道：「再這樣下去，我簡直就要發瘋了！」

抱怨是一種消極的行為，心理學研究表明，消極情緒會造成免疫力下降，時間長了容易生病。相反，積極情緒會提高人的免疫力。當我們心生抱怨時，不妨從以下方面著手進行自我調適。

1.轉移注意力

停止對一件事的抱怨，最好方法就是轉移注意力。當心煩意亂時，我們可把注意力轉向事物好的方面，而且每當事情順利時要特別提醒自己。

2.對自己不要過於苛求

苛求自己的人無形中給自己增加壓力。無論做什麼，總是將目標定的過高。當依靠自己的力量無法實現時，就會抱怨自己、抱怨別人。「為什麼我這麼沒用。」「為什麼他沒有幫助我。」「為什麼我運氣這麼差。」一味抱怨，情緒將越來越糟糕。所以人對自己要多些寬容。

3.保持一顆平常心，不被生活中的瑣事困擾

有些人的抱怨常常來自生活的瑣碎之事，凡事斤斤計較，常常弄得自己疲憊不堪。一位哲人說得好：「如果你被瘋狗咬了，難道也要反咬瘋狗一口嗎？」所以，遇事要有一種平和的心態，這樣生活才能更和諧。

自我檢視

你是一個愛抱怨的人嗎？

請對下列問題作出「是」或「否」的選擇：

1. 有很多人總是故意跟我過不去。
2. 碰到熟人，當我向他打招呼而他視若無睹時，最令我難堪。
3. 我討厭和整天沉默寡言的人在一起生活、工作。
4. 有的人嘩眾取寵，說些無聊的笑話，居然能博得很多人的喝彩。
5. 生活中庸俗無趣的人比比皆是。
6. 和目中無人的人做朋友真是一種痛苦。
7. 有很多人自己不怎麼樣卻總是喜歡嘲諷他人。
8. 我不能理解為什麼自以為是的人總能得到上級的重用。
9. 有的人笨頭笨腦，反應遲鈍，真讓人惱火。
10. 我不能忍受理解力差的人。
11. 有不少人明明方法不對，還非要別人按著他的意見行事。

12. 和事事爭強好勝的人待在一起使我感到緊張。
13. 我不喜歡獨斷專行的人。
14. 有的人成天牢騷滿腹，而我覺得這種處境全是他們自己造成的。
15. 和怨天尤人的人打交道使自己的生活也變得灰暗。
16. 有不少人總喜歡對別人的工作百般挑剔，而不顧及別人的情緒。
17. 當我辛辛苦苦做完一件工作卻得不到別人的認可和讚賞時，我會大發雷霆。
18. 有些蠻橫無理的人常常事事暢通無阻，這真令我看不慣。

評分標準

每題答「是」計1分，答「否」計〇分。將各題得分相加，統計總分。

測試結果

13～18分，說明你在生活中對待別人往往比較苛刻，你需要加強自己的靈活性，培養寬容的精神。

7～12分，表明你具有常人的心態，儘管時時碰到難相處的人，有時也會被他們的態度所激怒，但總的來說尚能容忍。

0～6分，說明外界的複雜紛擾很難左右你平和的心態，因為你不是一個愛抱怨的人。

國家圖書館出版品預行編目資料

看透性格的弱點：踢開人生的絆腳石，把缺點變為人生的轉捩點 / 刑群麟編著．——初版——新北市：晶冠，2020.07
面；公分．——（智慧菁典系列；18）

ISBN 978-986-98716-4-8（平裝）

1.性格 2.成功法

173.761 109007526

智慧菁典 18

看透性格的弱點
踢開人生的絆腳石，把缺點變爲人生的轉捩點

作　　者　刑群麟
副總編輯　林美玲
校　　對　謝函芳
封面設計　王心怡
出版發行　晶冠出版有限公司
電　　話　02-7731-5558
傳　　真　02-2245-1479
E-mail　ace.reading@gmail.com
部 落 格　http://acereading.pixnet.net/blog
總 代 理　旭昇圖書有限公司
電　　話　02-2245-1480（代表號）
傳　　真　02-2245-1479
郵政劃撥　12935041 旭昇圖書有限公司
地　　址　新北市中和區中山路二段352號2樓
E-mail　s1686688@ms31.hinet.net
旭昇悅讀網　http://ubooks.tw/
印　　製　福霖印刷有限公司
定　　價　新台幣320元
出版日期　2020年07月 初版一刷
ISBN-13　978-986-98716-4-8

※本書為改版書，
原書名為《你一定要克服的50個人性弱點》。